한국교회의 미래와 마을목회

한국교회의 미래와 마을목회

엮은이   강성열 · 백명기
펴낸이   정덕주
발행일   2016년 11월 24일 발행
펴낸곳   한들출판사
          서울시 종로구 대학로 19(기독교회관 1012호)
          등록 제2-1470호. 1992년
홈페이지 www.handl.co.kr
이메일   handl2006@hanmail.net
          전화 02-741-4070
          전송 02-741-4066

ISBN 978-89-8349-699-7   93230
* 잘못된 책은 바꾸어 드립니다.

한국교회의 미래 와 마을목회

강성열 / 백명기 엮음

하늘향한사람들

머리말

　필자가 소장으로 있는 농어촌선교연구소(이사장 : 안영로 목사)에서는 해마다 한 차례씩 농어촌선교와 직, 간접적으로 관련된 주제를 중심으로 하여 계속해서 목회자 세미나를 개최하고 있다. 이를테면 "다문화사회와 해석학"(2011년), "창조 세계의 보전과 핵 없는 세상"(2012년), "마을 만들기와 생명선교"(2013년), "협동조합과 지역 공동체 운동"(2014년) 등을 주제로 하는 세미나들이 그렇다. 특히 마을 만들기와 협동조합이라는 주제는 단순히 농어촌교회의 범주를 넘어서서 한국교회의 미래와 직접 관련되어 있는 주제임에 틀림 없다. 왜냐하면 이 두 주제는 현재 한국교회가 맞고 있는 성장 침체의 돌파구를 열어줄 수 있는 중요한 열쇠가 되기 때문이다. 교회가 자신의 생태 공간인 지역 공동체(마을)를 섬기는 한편으로, 조금 더 넓은 차원에서 도농(都農) 직거래를 중심으로 하는 협동조합 운동을 통하여 도시와 농어촌의 생명 망을 연결하는 일은, 하나님 나라 복음을 안고서 지역을 향해 나아가야 마땅한 교회의 본질에 속한 것이라 할 수 있지 않겠는가!

　　그래서인지 요즈음 한국교회는 이 두 가지 주제에 매우 깊은 관심을 기울이고 있다. 필자가 속해 있는 예장 통합 교단만 해도 몇 년 전부터 국내선교부와 농어촌선교부를 중심으로 하여 지역마을 공동체 형성이나 마을 만들기 또는 마을목회 등을 주제로 하는 세미나를 연속적으로 개최하거나, 온생명 소비자 생활협동조합(이사장: 우영수 목사)을 창립한 바 있고(2015년 9월), 농어촌선교부의 주관 하에 생명농업 생산자협의회를 구성(2016년 7월)하기도 했다. 부족하지만 필자도 지난 9월 12일에 초교파적인 차원에서 추진되던 생명의 망 잇기 협동조합 발기인 총회에서 이사장에 선임되어 직거래 활동을 중심으로 하는 협동조합 운동에 깊이 관여하고 있다.

　　작년(2015년)에는 여러 가지 복잡한 상황으로 인하여 세미나를 열지 못했지만, 올해는 재작년 11월에 개최했던 "마을 만들기" 주제의 연장선상에서 "마을목회"를 주제로 하는 세미나를 열기로 하되, 총회 농어촌선교부와 서부지역 농어촌목회자협의회 및 동부지역 농어촌목회자협의회 등과 협력하기로 합의하였다. 그리하여 "한국교회의 미래와 마을목회"라는 전체 주제를 정한 다음, 이 주제를 잘 반영할 수 있는 네 분의 사례 발표를 듣고 이를 뒷받침할 한 분의 신학적 근거 발표를 듣기로 했다. 네 분의 사례 발표는 도시교회 한 곳과 농어촌교회 세 곳을 섭외하기로 하고, 화순 신실한교회(정경옥 목사)와 담양 개동교회(김인선 목사) 및 진주 초원교회(이기성 목사)를 농어촌교회 마을목회 사례로,

그리고 한남제일교회(오창우 목사)를 도시교회 마을목회 사례로 선정하였다.

    바쁘고 분주한 중에도 이 세미나를 위해 발표 원고를 정성스럽게 집필해 주신 다섯 분의 강사들에게 깊은 감사를 드리며, 본 세미나가 처음 열렸던 1997년부터 줄곧 호남신학대학교 목회자 세미나를 위한 출판을 해주신 한들출판사 정덕주 목사님과 직원들에게도 깊은 감사를 드린다.
    아무쪼록 이 마을목회 세미나가 성장 침체 위기에 빠진 한국교회로 하여금 심기일전하여 지역과 대화하고 소통하는 섬김과 사랑의 실천 속에서 자신의 존재 의의를 지역 주민들과 마을 사람들에게 확실하게 각인시킬 수 있기를 바란다. 아울러 교회가 마을과 지역사회를 향하여 열린 공동체가 되어 이들 모두를 행복하게 만드는 하나님 나라 공동체가 됨으로써, 기존의 성장주의 패러다임을 뛰어넘어 교회 갱신의 새로운 길을 열어가는 귀한 디딤돌이 되기를 간절히 바란다.

2016년 11월
엮은이 강성열 삼가 씀

차 례

머리말 / 5

🕊 마을목회와 힐링알토스협동조합 ·· 11
발표: 정경옥 목사 (화순 신실한교회)

🕊 마을이 살아야 교회가 삽니다 ··· 43
발표: 김인선 목사 (담양 개동교회)

🕊 동네목사 이야기 ·· 65
발표: 오창우 목사 (한남제일교회)

🕊 초원교회 이야기 ·· 105
발표: 이기성 목사 (진주 초원교회)

🕊 마을만들기, 마을목회와 마을목회의 신학적 근거 ············ 133
발표: 황홍렬 교수 (부산장신대학교 신학과)

부록 / 212

마을목회와 힐링알토스협동조합

∽∽∽

정경옥

들어가는 말

 안녕하십니까? 저는 전남 화순 신실한교회 담임목사로 시무하고 있는 정경옥 목사입니다. 저는 어려서 농촌에서 태어나 농촌에서 자랐습니다. 그래서인지 농촌에 대해 많은 관심을 가지고 있습니다. 저의 고향은 전남 해남군인데 지금은 영산강 하구공사로 바다가 육지로 변하여 옛날의 아름다운 고향 풍경은 사라졌지만 지금도 가끔씩 고향에 가면 마을 뒷동산에 올라가 옛 추억을 생각하며 동심으로 돌아갑니다. 그러면 삶의 지치고 힘들었던 답답한 마음이 풀어집니다.

 우리나라는 1950년까지만 해도 농경사회였습니다. 1960대 들어서면서 경제개발 5개년 계획이 시작되면서부터 옷, 신발 등을 생산하는 경공업이 크게 발달하여 수출이 크게 증가되었으며 시멘트, 정유화학공

---

* 정경옥 목사(화순 신실한교회)

장, 비료 등 섬유산업이 발달하였습니다. 1970년대 들어서면서 기술과 자본이 갖추어지자 투자가 이루어지면서 섬유화학, 조선, 전자, 제철산업 등이 탄력을 받아 1977년대에는 수출 100억불을 달성하고 1982년 들어서면서 무역 흑자로 돌아섰습니다. 1988년 서울올림픽을 계기로 자동차와 정밀기계산업이 발달하게 되었으며, 1990년대 들어서면서부터 경제가 발전하고 국민소득이 높아져 도매 및 소매업, 운수업, 관광업, 의료업, 금융업, 광고업, 영화 산업 등 선진국형 산업구조로 변화하게 되었습니다.

2000년대 들어서면서 컴퓨터, 반도체, 정보 통신 등 산업 정보기술 발달로 생명기술, 우주 기술, 서비스업 등 첨단기술과 관련된 산업이 크게 발전하였습니다. 위와 같이 우리나라는 불과 20-30년 전만 해도 경제적으로 어려운 나라였습니다. 그러나 산업이 발달하면서 사회 · 경제 · 문화가 급속도록 변화하게 되어 사람들이 도시로 몰려들면서 농어촌 인구는 급격하게 감소되었고 농어촌 고령화로 농촌 경제가 위기에 놓이게 되었습니다.

그래서 필자는 농어촌이 급격하게 피폐되어가는 어려운 실정을 직시하고 조금이나마 농촌 경제의 경제적 활성화 방안을 찾아보려고 교회를 중심으로 지역주민과 함께하는 협동조합을 설립하였습니다. 그리고 우리 지역에서 생산되는 농산물과 케냐 바링고 선교를 통하여 수입한 생두를 이용하여 건강차, 잼, 지역 농산물, 천연비누, 원두커피를 생산 가공하여 판매하고 있습니다. 주력 판매 상품인 작두콩차는 비염과 몸의 면역력을 향상시키는 효능이 알려져 많은 사람들의 주목을 받고 있습니다.

힐링알토스협동조합에서는 단순한 농산물 가공 · 판매 이외에도 마을의 어린이들을 위해 동물과 곤충을 키우고, 로봇학교와 마을 도서관을 운영하며 아이들이 언제든 방문하여 놀다 갈 수 있는 편안한 공간을 제공함으로 지역사회에 공헌하고 있습니다. 또한, 지역사회의 소통과 공동체성 형성을 위해 정기적인 마을청소, 지역 어르신 초청잔치, 지역주민들과 book 사랑바자회 등 다양한 프로그램을 통해 지역사회 구성원들과 소통하고 지역문제 해결을 위해 지속적인 노력을 하고 있습니다.

사회적 창조 경제의 이해

자본주의가 처음 도입되었을 때 시장은 보이지 않는 손에 의해 움직인다고 하였습니다. 일천만 원을 가진 사람이나 일억 원을 가진 사람이나 동일하게 출발하면 결과는 비슷하다고 생각하였습니다. 그러나 실상은 그렇지 못하였습니다. 자본주의는 세월이 흘러가면서 돈을 많이 가진 사람은 더 많은 돈을 벌게 되고 돈이 없는 사람은 형편이 더 어려워져 가난하게 됨으로 빈부 격차는 더욱 커져서 자본주의의 존립마저 위태롭게 되었습니다. 자본주의의 폐단은 빈부 격차이며 시간이 흘러 갈수록 대기업들의 독점 횡포와 실업과 공황 등의 사회적 모순을 계속해서 가져오고 있습니다.

그래서 도입된 것이 바로 '수정자본주의'인데 자본주의 발전에 따른 제반 모순을 해결하기 위한 궁여지책으로 내놓은 자본주의의 노선 변경이라고 할 수 있습니다. 수정자본주의에 대한 개념은 학자마다 서로 의견이 다르기 때문에 아직 체계적인 개념을 제시하지 못하고 있어서 '지도자본주의'나 '복지자본주의'라고 부르기도 합니다. 국가가 직접 시장에 개입하여 사회의 발전과 안녕을 찾으려는 정책입니다.

2008년 미국 금융 위기 이후에 미국을 비롯한 많은 자본주의 국가에서 누진 제도를 도입하여 사용하고 있는데 바로 이런 것들이 수정자본주의 한 예라고 볼 수 있습니다. 즉 돈을 많이 벌수록 세금 내는 비율을 높여서 그 세금으로 상대적으로 빈곤층에 있는 사람들에게 재투자하여 결과적으로 삶의 질을 향상시켜 평준화시키려는 것입니다. 그래서 선진국에서는 이것이 '복지제도'라는 형태로 실현되고 있습니다. 정당하게 노력해서 돈을 번다면 얼마든지 많이 벌어도 이상할 게 없겠지만 현실상 떼돈을 버는데 있어서 정직했던 사람은 그리 많지 않으며 사회 경제가 발달할수록 더 많은 부정과 부패가 생겨나고 빈부의 격차는 더욱 심해지고 있습니다.

그래서 필자는 무엇보다도 중요한 것은 돈을 많이 번만큼 사회적 책임을 지는 성숙된 자본주의에 대한 의식 전환이 가장 중요하다고 생각하여 그 대안으로 '힐링알토스협동조합'을 설립하게 되었습니다. 아주 작은 출발이지만 이 사업이 지역사회 경제와 문화사업의 디딤돌이 될 수 있기를 소망하며 최선의 노력을 다하여 조합원들과 일심동체되어 협동조합을 운영하고 있습니다.

1. 신실한교회 개척 과정

저는 1998년 5월 10일에 전남 화순읍에 가족과 함께 신실한교회를 개척하여 18년 동안 주님의 몸 된 교회와 성도들을 섬겨오고 있습니다. 현재 성도 수는 장년이 100명 정도이며 주일학생이 30명, 중·고등부학생이 20명 정도 됩니다. 저희 교회는 농촌에 있지만 아동부에서부터 노년층에 이르기까지 연령층이 비슷하지만 유치부는 급격하게 줄어들었습니다.

신실한교회는 18년전 화순군 화순읍 벽라리 35번지에 사슴을 키우던 조립식 건물 99㎡(30평)을 임대하여 개척을 시작하였습니다. 개척을 하고 어린이 전도에 초점을 맞춰서 전도하기 시작하였습니다. 개척한 지 일년 만에 50명이 넘는 주일학생들이 전도되었고 어린이들에 의하여 부모님들도 전도되었습니다. 개척 초기 교회에서 세례를 받은 성도의 수가 70%에 가까울 정도로 새신자들이 많았습니다. 성경공부를 하면서 성도들이 놀랍게 성숙한 신앙생활을 하게 되어 교회 공간이 비좁아 건축을 하게 되었습니다.

그러나 땅을 구입하고 건축할 재정적인 여건이 안 되어 2006년 땅 주인의 허락을 받아 사용 중인 건물을 철거하고 다시 조립식 건물을 65평 건축하였습니다. 그 후 성도들과 함께 건축할 땅을 위해 하나님께 기도드렸는데, 하나님께서 우리의 기도를 들어주시어 300평의 땅을 구입하게 하셨습니다. 그런데 놀랍게도 성전 건축을 시작하면서 성전 부지 앞뒤의 땅을 매입하게 되었습니다. 그래서 8년 전 성도들이 교회를 열정적으로 사랑하여 약 23,300㎡(1,000평)의 부지를 구입했고, 연건평 330평 중 3층 건물을, 철구조물을 이용하여 황토벽돌로 건축함으로써 성전을 따뜻하고 온아한 분위기로 농촌 풍경에 맞게 건축하게 되었습니다.

건축 예산을 절감하기 위하여 성도들과 함께 80평의 하우스를 짓고 황토벽돌을 만들어 초등학교 4학년부터 온 교우가 벽돌을 나르며 성전을 건축하였습니다. 그 열정으로 초등학교에 다녔던 어린이들이 지금은 벌써 청년들이 되어 모교를 떠나지 않고 교회를 다니고 있습니다. 어려서 봉사한 그 열정과 사랑이 아직도 그들의 마음에 남아 있어서 교회를 떠나지 않고 자리를 지키는 것 같습니다. 지금 농촌 교회는 고등학교만 졸업하면 도시로 나가 주일날도 오지 않은데 방학이 되면 수도권에서 생활하던 학생들이 와서 봉사하고 섬기는 일을 합니다. 농촌 교회지만 아직 청년들이 있어서 교회에는 활기가 있습니다.

그러나 목사인 저는 교회 미래에 대해 생각하면 걱정이 많습니다. 농촌의 현실을 보면 불을 보듯 하기 때문입니다. 농촌은 갈수록 먹기 살기 힘들어지고 농업에 대한 관심은 정치인들이나 백성들 모두 관심 밖에 있기 때문입니다. 먹거리가 부실하면 국민의 건강은 치명적일 수밖에 없습니다. 심지어는 '농수산식품유통공사'가 농산물 가격안정을 위해서 수매 비축사업을 시행하고 있는데, 국산 농산물 비축보다 10배가 넘게 수입산 농산물을 비축해 놓고 있는 것으로 드러났습니다.

농민들 입장에서는 풍작이 들면 팔 곳이 없어 가격이 폭락하고, 흉작 때 가격이 오르면 정부가 값싼 수입 농산물을 시장에 유통시켜 땀 흘려 수확한 농산물을 제값에 팔지 못하고 있습니다. 또한 잔류 농약 검사와 유전자를 조작하여 대량생산하는 GMO 농산물이 무분별하게 수입되고 있어서 국민 건강이 크게 위협 받고 있습니다. 쌀 소비가 크게 줄어들어 농민들의 생활고는 크게 위축받고 있으며 많은 빚으로 농사를 포기하는 농가가 늘어나고 있습니다. 한편 농촌에서는 품질이 좋은 농산물을 생산해 내야 하는데 고령화로 인해 일손이 부족하여 생산 능력이 떨어지고 있습니다.

이러한 농촌의 현실을 바꾸기 위해서는 젊은 사람들이 농어촌에 들어와 생활할 수 있는 사회 시스템이 하루 빨리 이루어져야 한다고 봅니다. 정부에서도 농촌 경제를 살리기 위하여 6차 산업을 내놓았지만 좀 더 구체적으로 국민들의 피부에 와 닿을 수 있도록 농어업 정책이 추진되어야 할 것입니다. 한국교회 또한 이 땅에 성령의 부흥 운동을 일으킨 농어촌 교회가 다시 부흥할 수 있도록 인적 자원과 경제적 자원을 제공하여 부흥시켜야 할 것입니다. 그래서 필자는 미래의 농촌목회를 위한 대안으로 교회 부흥과 함께 지역사회 문화사업에 공헌하기 위하여 협동조합을 설립하게 되었습니다.

신실한교회 전경

2. 목회 비전

저의 목회 비전은 첫째로 성도들이 교회 중심의 신앙생활을 할 수 있도록 돕는 일입니다. 교회는 성도들에게 교회 중심의 신앙생활을 할 수 있도록 열심히 가르쳐야 합니다. 예수께서는 베드로에게 "또 내가 네게 이르노니 너는 베드로라. 내가 이 반석 위에 내 교회를 세우리니 음부의 권세가 이기지 못하리라"고 마태복음 16장 18절에 말씀하셨습니다. 교회는 하나님의 집이며 성도들의 신앙생활의 터입니다.

'교회'는 헬라어로 '에클레시아'이며 우리말로 번역하면 세상으로부터 하나님의 나라 백성으로 부르심을 받은 사람들의 공동체를 뜻합니다. 초대교회는 오순절 날 예수의 제자들이 마가의 다락방에 모였을 때 성령께서 강림하심으로 사도들은 예수님의 가르침을 받아 서로 교제하고 떡을 떼며 기도하기를 힘썼고, 믿는 사람이 다 함께 있어 모든 물건을 서로 통용하고, 재산과 소유를 팔아 각 사람의 필요에 따라 나누어 주며, 날마다 마음을 같이하여 성전에 모이기를 힘쓰고 집에서 떡을 떼며 기쁨과 순전한 마음으로 음식을 먹고, 하나님을 찬미하며 온 백성에게 칭송을 받으니 구원을 받는 사람들이 날마다 더 많아졌습니다.

현재 한국교회는 교회 중심의 신앙생활을 회복하지 못하고 있습니다. 그래서 필자는 성도들로 하여금 교회를 중심으로 신앙생활을 하게 하기 위하여 교회 공간을 활용한 먹거리 문화를 만들려는 목적에서 '힐링알토스협동조합'을 만들었습니다. 이 조합을 통해 지역 농산물 판로 개척과 6차 산업을 활성화시켜 지역경제 살리기 운동과 지역문화산업을 선도하며 선교사업을 확장해 나가고 있습니다. 그리고 '빛나라도서관'을 운영하여 지역사회 문화를 선도할 수 있는 문화 공간을 만들었고, 아울러 지역주민들과 함께 소통할 수 있는 문화활동을 하고 있습니다.

교회는 꺼리가 있어야 합니다. 요즘 보면 각 지자체에서도 경제 살리기 운동의 일환으로 먹거리, 볼거리, 놀거리를 만들어 관광객 유치에 열을 올리고 있습니다. 그러므로 교회에 사람들이 몰려올 수 있도록 하기 위해서 네 가지 거리가 있어야 합니다.

① **먹거리** - 마태복음 14장에 보면 예수님께서도 보리떡 다섯 개와 물고기 두 마리로 오천 명을 먹이셨습니다. 요한복음 21장 9절-10절에서도 예수님께서 부활하셔서 디베랴 바닷가에서 고기 잡고 있는 제자들을 만나기 위하여 숯불을 피워놓으시고 생선과 고기도 준비하여 놓으셨음을 볼 수 있습니다: "육지에 올라보니 숯불이 있는데 그 위에 생선이 놓였고 떡도 있더라. 예수께서 이르시되 지금 잡은 생선을 좀 가져오라 하시니." 교회도 다양한 먹거리를 만들어 함께 나눌 때 행복한 장소가 되고 사람들이 모여듭니다. 그래서 저희 교회는 힐링알토스협동조합을 통하여 교회에 사람들이 몰려올 수 있도록 마을 도서관, 식품가공 공장,

농촌 체험 학습장, 카페 등을 만들어 먹거리 문화를 통한 전도와 선교를 준비해 가고 있습니다.

② **놀거리** - 우리 사회에는 청소년들과 어린이들이 놀 공간이 점점 줄어들고 있습니다. 교회는 지역사회와 함께 놀거리를 만들어 교회 공동체, 지역 공동체가 활성화되어 건강한 교회, 건강한 지역사회를 만들어 가야 합니다. 사람은 누구나 삶의 재미를 적극적으로 추구하고 즐기려는 의지적인 욕구를 가지고 있습니다. 놀이는 재미가 있고 사람들을 끌어들이는 공감력이 있으며 몸에 싸인 스트레스를 풀어주는 역할을 합니다. 교회는 무엇보다 창의적인 놀이 문화를 만들어 지역사회 놀이 문화를 선도해 갈 수 있어야 합니다. 그래서 신실한교회에서는 동물 기르기, 곤충 키우기, 커피 로스팅, 로봇교실, 어린이 음악의 밤, 화분 만들기, 천연비누 만들기, 마을 뒷산 등산, 바자회 등 함께 나누고 공유할 수 있는 놀이 문화를 만들어 지역사회와 함께하고 있습니다.

③ **볼거리** - 예수님께서는 사람들에게 복음을 전하시면서 하나님의 말씀을 쉽게 이해할 수 있도록 자연의 비유를 들어 가르치셨습니다: "공중의 새를 보라. 심지도 않고 거두지도 않고 창고에 모아들이지도 아니한데 하나님께서 기르신다"(마 6:26); "들의 백합화가 어떻게 자라는가 보라. 수고도 아니하고 길쌈도 아니하는데 솔로몬의 영광보다 낫다"(마 6:28). 세례 요한도 예수님을 증언하면서 "이튿날 요한이 예수께서 자기에게 나아오심을 보고 이르되 보라 세상 죄를 지고 가는 하나님의 어린양이로다"(요 1:29)라고 예수님을 어린양에 비유했습니다. 농어촌은 동식물들과 자연을 통하여 볼거리가 많습니다.

교회가 지역사회를 선도해 나가기 위해서는 교회 안에 볼거리를 통한 농촌문화산업을 발전시켜 나가야 합니다. 문화사업을 통하여 지역발전을 촉진함으로써 일자리 창출과 지역경제 성장의 지속가능성을 높일 수 있으며 지역 주민의 삶의 질을 향상시킬 수 있습니다. 농어촌 문화산업은 농어촌의 전통식품과 전통놀이, 그리고 지역의 자원을 활용한 향토문화축제, 문화예술공연 및 전시회, 전통문화를 활용한 관광을 사업화하여 교회 부흥과 경제가치를 높여야 합니다. 그래서 신실한교회는 힐링알토스협동조합과 함께 연합사업으로 지역주민들을 위한 문화공간으로 활용하여 도서관, 바자회, 음악회, 농촌 체험학습 등의 컨텐츠를 개발하여 교회를 찾아오신 분들에게 볼거리를 제공하고 있습니다.

④ **영거리**(영적인 거리) – 영성이란 예수 그리스도의 형상을 본받아 하나님의 형상을 이 땅에서 이루는 것입니다. 그래서 하나님께서는 이 땅에 교회를 허락하시고 성령의 인도하심을 따라 교회 공동체 안에서 실천하는 생활을 하게 하십니다. 교회는 복음의 공동체, 예배의 공동체, 말씀의 공동체, 기도의 공동체, 선교의 공동체, 봉사의 공동체, 섬김의 공동체로 이루어져 있습니다. 교회의 공동체성이 회복되기 위해서는 목회자와 성도들의 영성이 그 어느 때보다 필요한 때입니다. 영성회복은 교회 교육을 통하여 이루어집니다.

성경은 "마음의 즐거움은 양약이라도 심령의 근심은 뼈로 마르게 하느니라"고 잠언 7장 22절에 말씀하고 있습니다. 현대인들은 육체를 위한 건강관리는 잘하는데 영혼 관리는 소홀이 합니다. 육체의 건강은 영원한 문제를 해결해 주지 못합니다. 인간은 한 번은 죽게 되어 있습니다. 그러나 영혼의 건강은 마음과 육체에 유익을 줄 뿐만 아니라 영원한 세계까지 연결됩니다. 교회교육이 회복될 때 복음의 공동체, 예배의 공동체, 말씀의 공동체, 기도의 공동체, 선교의 공동체, 봉사의 공동체, 섬김의 공동체가 살아나고 부흥합니다. 예수님께서 가르쳐 주신 말씀 교육을 통하여 예수 그리스도의 인격과 삶이 영적으로 충만해지고 먹거리, 놀거리, 볼거리, 영거리를 통하여 교회 공동체가 부흥하게 됩니다.

둘째로 저의 목회 비전은 신앙회복운동에 있습니다. 그리스도의 십자가의 복음 증거를 통하여 성도들이 잃어버린 하나님의 형상을 되찾는 신앙 회복운동입니다. 신앙회복운동은 예배 중심입니다. 하나님은 성경 말씀을 통하여 자신에게 예배를 드리는 방법을 가르쳐 주셨습니다. 부정한 백성들이 거룩하신 하나님께 어떻게 예배드려야 할지를 가르쳐 주신 것입니다. 그리고 바로 지성소에서 백성의 대표인 대제사장이 드리는 제사를 받으시고 백성들의 죄악을 사하여 주셨습니다. 그러나 예수 그리스도께서 십자가에서 우리의 죄를 대신하여 돌아가심으로 우리가 직접 하나님께 나아갈 수 있으며, 새롭게 살 수 있는 길을 열어 주셨습니다.

그래서 우리는 예수님을 통하여 하나님을 예배할 수 있게 되었으며 하나님은 자기 백성의 예배를 받으시는 것을 간절하게 원하십니다. 교회는 하나님께서 인간을 만나고 말씀하신 곳이며 죄를 회개하는 자들에게 용서하시는 곳입니다. 또한 구원의 확신은 예배 중심의 삶을 통하여 들어납니다. 구원의 확신을 가지고 신앙생활을 하면 은혜가 넘치고 봉사정신이 살아납니다. 예배의 역사에 있어서 루터교회가 남긴 유산과 정신에 있어서 루터교회는 무엇보다도 초대교회 예배와 그 정신을 회복하려고 힘썼습니다. 또한 성경의 권위를 회복하여 하나님의 말씀을 폭넓게 이해하였고, 예전 속에 있는 성경의 말씀을 설교를 통하여 쉽게 이해하게 하여 말씀 중심의 삶을 살도록 하였습니다. 또한 회중들로 하여금 예배 안에서 방관자로 있던 평신도의 위치를 쇄신하여 찬양과 기도로 참여하게 하였습니다. 그래서 저희 신실한교회는 열린예배를 통하여 예배에서의 자연과 사회, 은혜, 죄와 구원, 화해등과 같은 내용들을 담아 예술, 시, 소설, 연극, 음악 등을 담아 예배를 드립니다.

셋째는 교육과 훈련을 통해 그리스도 형상을 닮은 성숙한 그리스도인이 되는 것입니다. 양육을 통하여 하나님께서 각자에게 주신 달란트를 따라 사역에 동참하게 함으로서 교회를 세우고 하나님 나라를 확장하여 갑니다. 필자의 목회철학은 양육을 통하여 모든 성도들이 온전한 사랑을 이루어 그리스도의 장성한 분량에까지 이르도록 이끌어 그리스도의 제자를 삼는데 그 목적이 있습니다: "그가 혹은 사도로, 혹은 선지자로, 혹은 복음 전하는 자로, 혹은 목사와 교사로 주셨으니 이는 성도를 온전케 하며 봉사의 일을 하게하며 그리스도의 몸을 세우려 하심이라 우리가 다 하나님의 아들을 믿는 것과 아는 일에 하나가 되어 온전한 사람을 이루어 그리스도의 장성한 분량이 충만한데까지 이르리니"(엡 4:11-13); "모든 성경은 하나님의 감동으로 된 것으로 교훈과 책망과 바르게 함과 의로 교육하기에 유익하니 이는 하나님의 사람으로 온전케 하며 모든 선한 일을 행하기에 온전케 하려 함이니라"(딤후 3:16-17). 이처럼 성경은 교육을 통하여 그리스도인이 성숙한 신앙생활을 할 수 있다는 것을 말씀하고 있습니다.

그래서 필자는 일곱 가지 실천 목회철학을 세워서 목회를 하고 있습니다.
1. 가정을 가장 아름다운 작은 천국의 모형으로 가장 멋진 작은 교회의 원형으로 회복하게 만든다(가정을 천국처럼, 교회를 가정처럼).
2. 광주·화순지역 사회를 중심으로 지역교회들과 연합하여 복음을 전하며 함께 교회를 건강하게 세우도록 한다(지역 교회속의 교회, 지역 사회 속의 교회, 세계 속의 교회).
3. 교인들을 사랑하며 교제 속에서 치유 받고, 함께 배우고, 함께 웃고, 함께 울고 화목 하게 살아가는 전인적인 성숙한 교회 공동체가

되도록 한다(성경 공부, 소그룹 모임, 가정 사역, 세미나, 큐티나눔방, 구역 활동).
4. 모든 교인들로 하여금 하나님이 주신 은사와 재능을 발견하게 하고 훈련을 통하여 삶 가운데 하나님이 주신 행복을 누리도록 한다.
5. 모든 교인들이 하나님이 그들에게 주신 은사와 재능을 발견하고 훈련하여 모든 삶의 영역에서 마음껏 하늘 행복을 누리도록 한다.
6. 모든 예배와 기도와 말씀 묵상(Q.T.) 공동체 안에서 들려온 성령님의 음성을 따라 살아 계신 하나님을 체험하는 성도의 삶을 살게 한다.
7. 우리는 예배 공동체와 구역 공동체 두 축을 통하여 가정과 교회가 든든히 서게 한다.

3. 힐링알토스협동조합 설립 배경

신실한교회 목사와 지역주민, 성도들이 창립한 힐링알토스협동조합을 소개하겠습니다. 힐링알토스협동조합은 청정지역 화순에서 건강하고 행복한 먹거리 공동체를 꿈꾸며, 지역에서 생산하는 농산물로 친환경 무공해 식품을 가공하여 소비자님들께 건강한 먹거리를 제공하는 데 있습니다. 동시에 우리 지역 문화 활동을 활성화시키며 경제적인 문제를 해결하기 위해 설립되었습니다. '힐링알토스'는 영어 '힐링'(Healing) = 치유'라는 뜻과 헬라어 '알토스'($αρτος$) = 곡식으로 만든 양식(음식)'이라는 뜻을 합하여 우리 몸을 치유하는 음식이라는 의미를 가지고 있습니다.

힐링알토스협동조합은 2012년 5월 7일 작은 도서관(빛나라도서관)을 설립하고 도서관을 운영하는데 필요한 경제적 문제를 극복하기 위해

2013년 9월에 가칭 힐링알토스협동조합 준비위원회를 발족하였으며, 2013년 10월 12일 지역주민들과 함께 작은음악회, 로봇교실, 지역주민 경로잔치, 농산물 판매 등의 제1회 book사랑 바자회를 열었습니다. 2014년 5월 4일 창립총회를 열어 협동조합 사업을 본격적으로 진행하였습니다. 2014년 7월 전남형 예비 마을기업에 선정되어 사업이 크게 탄력을 받게 되었고, 2014년 8월 4일 사업장 등록과 함께 교회 1층 100㎡(30평) 식당부분을 보수하여 2015년 2월 25일 가공공장 영업등록을 마치고 본격적으로 가공식품을 생산하게 되었습니다.

　2016년 7월 15일 화순군 농촌기술센타에서 농촌체험 관광교육을 농가, 영농조합, 협동조합 등의 관계자 분들이 참여하여 교육을 이수하였습니다. 이 과정 중에 농가별로 직접 농가체험 프로그램을 운영하였는데 '힐링알토스협동조합'이 최우수상을 수상하였습니다. 저희 협동조합에서는 여러 체험 프로그램을 운영하고 있습니다. 로봇교실, 영어캠프, 편백화분 만들기, 커피 로스팅과 핸드내림커피, 천연비누 만들기, 효소담기 등의 체험활동 등을 통하여 지역사회와 소통하고 있습니다. 뿐만 아니라 사업의 확장을 위하여 쉬지 않고 기술 개발을 위해 노력하고 있습니다. 낮에 직접 교우들과 함께 농사일을 하다보면 지치고 힘들지만 밤에는 12시에서 새벽 1시까지 서재에 앉아 연구를 합니다.

　그래서 커피를 직접 로스팅하는 만능 통돌이 기계를 개발하여 커피 로스팅 체험학습에 사용하고 있습니다. 커피 애호가들에게는 생두를 구입하여 가정에서 로스팅하여 커피를 즐길 수 있도록 저렴한 가격에 판매하고 있으며 티백차 손잡이도 개발하여 디자인 특허를 받아 신제품 티백작두콩차를 생산, 판매하고 있습니다. 그 결과 2016년 행정자치부에서 실시하는 마을기업에 선정되어 차 가공 기계시설을 갖추어 대량 생산을 하게 되었고, 10월부터 가공공장 및 농촌체험 학습장과 카페 330㎡(100평)를 건축하여 11월 30일 완공을 목표로 하고 있습니다. 신축공사가 완료되면 2017년부터는 본격적으로 사업이 진행되어 일자리 창출과 함께 지역 문화 사업에 크게 기여할 것으로 봅니다.

4. 협동조합의 정의

우리나라에서는 5인 이상의 조합원이 모이면 금융·보험업을 제외한 모든 분야에서 협동조합을 설립하여 운영할 수 있습니다. 2012년 12월 1일부터 국회에서 통과되어 시행되고 있는데 그 전에는 출자 금액이 3억 원 이상 되어야 협동조합 설립이 가능했는데 현재는 출자 금액에 상관없이 출자자가 5명 이상이면 협동조합을 설립할 수 있습니다. 따라서 협동조합은 소상공인이나 소규모 생산자 등이 출자해서 경제·사회·문화적 필요와 욕구를 충족하려는 사람들이 자발적으로 결성하여 공동으로 소유하고 민주적으로 운영하는 방식입니다.

협동조합은 불특정 다수를 주주로 하여 무한 이익을 추구하는 주식회사와 보유 수식에 비례하여 소유권을 가지고 있는 상법상의 주식회사와는 달리 출자 액수와 관계없이 1인 1표의 의결권과 선거권을 가지는 것이 특징입니다. 특히 경제적으로 약소한 처지에 있는 농어민이나 중소 상공업자, 일반 소비대중들이 상부상조(相扶相助)의 경제적 이익을 추구하기 위하여, 물자 등의 구매·생산·판매·소비를 협동으로 운영하는 조직 단체입니다.

우리나라에서는 2012년 12월 1일부터 국회에서 「협동조합 기본법」이 제정되기 전까지는 농업협동조합, 수산업협동조합, 신용협동조합, 소비자생활협동조합, 엽연초생산협동조합, 중소기업협동조합, 산림조합 및 새마을금고 등 8개 종류의 협동조합만이 법적으로 인정되어 왔습니다. 그러나 이들은 국가의 강력한 지원과 통제를 받으면서 자립과 자조라는 협동조합의 본래 원칙을 제대로 구현하지 못하였습니다. 하지만 최근 들어서 민간 차원의 소비자생활협동조합이 협동조합의 기본 원칙과 가치를 잘 지키면서도 꾸준한 성장세를 보이는 협동조합들이 생겨나고 있는 것은 대단히 기쁜 일이라 할 수 있습니다.

협동조합 기본법은 2012년 1월 26일 제정되어 2012년 12월 1일에 시행됨으로써 이제는 금융 및 보험업을 제외하고 경제·사회의 모든 영역에서 다양한 형태의 협동조합을 만들 수 있게 되었습니다(「협동조합 기본법」 제45조 제3항 참조). 협동조합은 크게 4가지 종류로 나눌 수 있습니다.

① 협동조합: 재화 또는 용역의 구매·생산·판매·제공 등을 협동으로 영위함으로써 조합원의 권익을 향상하고 지역 사회에 공헌하고자 하는 사업조직
② 협동조합연합회: 협동조합의 공동이익을 도모하기 위하여 설립된 협동조합의 연합회
③ 사회적협동조합: 협동조합 중 지역주민들의 권익·복리 증진과 관련된 사업을 수행하거나 취약 계층에게 사회서비스 또는 일자리를 제공하는 등 영리를 목적으로 하지 않는 협동조합
④ 사회적협동조합연합회: 사회적협동조합의 공동이익을 도모하기 위하여 설립된 사회적협동조합의 연합회

협동조합 기본법에 의해 설립 가능한 협동조합을 보다 세분화하여 나눌 수 있는데, 첫째는 사회서비스 계통의 협동조합입니다. 보건의료, 공동육아, 공동어린이집, 대안학교 등의 교육 및 보건 등의 복지서비스와 예술, 문화, 관광 및 스포츠 사업, 문화재 보존 또는 활용, 산림 보전 및 관리, 간병 및 가사지원, 고용지원, 범죄 예방 및 상담치료 등이 사회

서비스 계통의 협동조합입니다.

둘째는 신규 창업 및 소상공인협동조합입니다. 청년 창업, 소자본 창업, 벤처기업, 공동연구 개발 등의 창업 활성화(골목상권, 전통시장 등의 영세 자영업자들이 소상공인협동조합을 공동 출자로 설립, 공동브랜드 개발, 공동 구매 및 공동 홍보를 전략적으로 활용해 대기업 진출에 대응함으로써 골목상권 보호하기 위한 신규 창업 및 소상공인협동조합입니다.

셋째는 고용안정화 및 노동통합협동조합입니다. 직원을 조합원으로 하는 단위사업체를 노동자협동조합 형태로 설립함으로써 고용 안정화 및 저임금 해소와 학습지 방문, 대리운전, 청소, 경비, 퀵서비스 등 분야에서 특수 고용직 노동자의 노동권 보호와 장애인, 취약 계층 등 한계 노동자 일자리 및 사회안전망 구축을 위하여 만들어진 고용안정화 및 노동통합 협동조합입니다.

넷째는 공동의 소유를 목적으로 설립한 공공재 협동조합입니다. 주택협동조합 형태로 조합원의 출자금을 바탕으로 공동주택을 건축한 뒤 공동소유로 관리, 운영하는 형태입니다. 지역주민의 공동 출자로 풍력발전소 또는 태양광발전소를 전력공급협동조합 형태로 설립, 운영하여 저렴한 가격으로 에너지를 공급하며 아파트주민회를 협동조합으로 전환하여 청소, 세탁, 택배, 가사돌봄 등의 종합생활서비스를 저렴한 가격으로 제공하기 위한 목적으로 설립하는 협동조합입니다.

협동조합은 이상과 같이 지역경제 활성화를 위하여 협동조합 간의 협동 원칙에 따라 협동조합들의 네트워킹 활성화로 지역경제 시스템 구축이 가능해지며 지역 특산품 및 자연자원 활용, 주민 주도의 지역개발 등으로 지역공동체 활성화와 농축산물의 생산과 유통, 소비, 가공을 연계한 로컬푸드 시스템 구축 및 도농교류 활성화에 기여할 수 있습니다.

미래 목회에 있어서 가장 중요한 부분은 교회와 교회, 교회와 지역사회의 소통과 공유라고 생각합니다. 한국사회는 경제발전의 논리로 이기주의와 개인주의 때문에 공동체성이 상실되어가고 있습니다. 한국교회 또한 지역 간의 격차가 크게 벌어지고 있습니다. 공동체성의 상실과 지역 간의 사회적, 경제적, 문화적 격차를 해소하지 않으면 한국교회의 미래 부흥은 불투명하다고 봅니다. 그래서 필자는 지역공동체성과 사회적, 경제적, 문화적 격차를 해소하기 위한 방안이 협동조합이라고 생각합니다.

협동조합의 정신은 기독교 공동체성과 맥을 같이하는 부분이 많이 있습니다. 초대교회가 물건을 서로 통용하고 나눔으로 부흥하였으며 예루살렘교회가 약해졌을 때 안디옥교회가 대신하여 선교사역을 감당하여 새로 설립된 초대교회들이 부흥하게 되었습니다. 협동조합은 생산업체들이 각각 독립된 자기사업을 가지고 연합체 형식으로 사업을 운영할 수 있어서 경제적 효과를 극대화할 수 있으며 조합원들이 독립된 작은 생산자로서의 지위를 지양하고 하나로 뭉쳐진 독립 사업체로서 사회적, 경제적 실효성을 크게 높일 수 있습니다.

협동조합을 기능별로 분류하면 생산자 협동조합과 소비자 협동조합으로 나눌 수 있으며, 소비자 협동조합은 생활협동조합이라고도 하는데, 이는 조합원의 생활에 필요한 물자를 싼값으로 공동 구입하는 것을 목적으로 합니다. 이와 같은 협동조합운동은 산업혁명 이후 자본주의 사회 형성기에 자본을 소유하지 못한 노동자들이 생활안정 및 경제적 편익을 도모하기 위한 목적으로 만들어진 소비자 협동조합입니다. 소비자 협동조합은 대체로 각 직장 중심으로 또는 지역을 기반으로 구성되며 여러 조합이 연합하여 협동조합을 결성하는 경우도 있습니다.

생산자 협동조합은 조합원의 사업에 필요한 물자를 협동으로 구매하고 생산물을 공동으로 가공하여 출하 판매하며 조합원이 경제적 어려움 때문에 단독으로 갖추지 못한 장비 및 시설을 공동으로 설치하여 공동으로 사용할 수 있어서 경제적 이익을 높일 수 있습니다.

많은 분들이 현재 한국교회가 처한 상황을 위기라고 말합니다. 그래서 필자는 현재 한국교회가 사회로부터 인정받지 못하고 있기 때문에 교회가 하루 빨리 이미지를 개선하고 새로운 활력을 불어넣어 부흥하기 위해서는 지역사회와 함께할 수 있는 협동조합이 꼭 필요하다고 봅니다. 또한 경제 자본주의로 인하여 사회는 빈부의 격차가 심해지고 있으며 교회 또한 도시교회와 농촌교회의 격차가 커지고 있습니다.

그래서 우리나라에서도 많은 분들이 자본주의의 한계와 폐해를 극복하기 위한 대안으로 협동조합에 많은 관심을 가지고 추진하고 있는데, 교회에서도 협동조합이 가지고 있는 자조, 협동, 상생, 평등의 가치와 구조를 활용하여 교회의 경제적 어려움을 해소하고 복음전도와 선교사업과 사회봉사 활동을 적극적으로 추진해야 한다고 봅니다. 농촌교회는 생산자 중심의 협동조합을 만들고, 도시교회는 소비자 협동조합을 만들어 서로 협력하게 되면 사회·경제 문화의 발전에 크게 기여할 것입니다.

5. 힐링알토스협동조합 소개

힐링알토스협동조합은 2013년에 설립되어 2014년 예비마을 기업을 거쳐 2016년 행정자치부 지정 마을기업에 선정되어 꾸준하게 성장하고 있는 기업입니다. 마을에서 생산되는 농산물을 이용하여 건강차, 잼, 지역농산물, 천연비누, 케냐커피를 생산, 가공하여 판매하고 있습니다. 주력 판매 상품인 작두콩차는 비염과 몸의 면역력을 향상시키는 효능이 인정되어 많은 사람들의 주목을 받고 있습니다. 힐링알토스협동조합에서는 단순한 농산물 가공 · 판매 이외에도 마을 어린이들을 위해 동물과 곤충을 키우고, 로봇학교와 마을 도서관을 운영하며 아이들이 언제든 방문하여 놀다갈 수 있는 편안한 공간을 제공해 지역사회에 공헌하고 있습니다.

또한 지역사회의 소통과 공동체성 형성을 위해 정기적인 마을청소, 지역 어르신 초청잔치, 지역주민들과 북사랑바자회 등 다양한 프로그램을 통해 지역사회 구성원들과 소통하고 지역문제를 해결하기 위해 지속적인 노력을 하고 있는 기업입니다.

처음에는 교회 안에 지역주민들이 이용할 수 있는 마을 도서관(빛나라도서관)을 만들었는데 운영상 경제적 어려움이 많았습니다. 그래서 마을 도서관 활성화를 위해 텃밭 가꾸기를 시작하여 직접 농산물을 판매한 수입금으로 도서관을 운영에 큰 도움이 되었고 계속해서 지역 주민들에게 마을 도서관과 문화활동을 지속적으로 추진하기 위하여 협동조합을 설립하게 되었습니다. 또한 북사랑바자회를 열어 지역 주민들에게 마을 도서관 홍보와 책 읽기 운동과 작은음악회와 영어캠프 등의 문화활동을 하여 지역 주민들에게 큰 관심과 호응을 얻고 있습니다.

협동조합의 지속적인 발전을 위해 설립 초기부터 지금까지 저와 아내는 무보수로 봉사하고 있습니다. 그럼에도 불구하고 목사가 협동조합 대표로 활동하는 것을 부정적인 시각으로 보는 사람들이 많았습니다. 그러나 목사가 지역 농산물 판매와 마을 도서관 운영, 어린이 영어캠프, 지역주민 일자리 창출, 지역사회 문화공간을 만들기 위해 협동조합을 하고 있는 것을 알고 지금은 많은 분들이 적극적으로 협조하고 있습니다. 개인의 이익이 아니라 지역주민들과 함께하며 지역사회를 발전시키기 위하여 협동조합을 하고 있다는 것을 알게 된 것입니다.

텃밭 가꾸기로 시작한 조합원 출자금 10,000,000원으로 사업을 지행하다 보니 어려움이 많았고 2013년 처음 가공사업으로 매실효소, 칡

효소, 개똥쑥 효소 등의 효소 담기를 시작하였는데 시작과 함께 이듬해에 방송에 효소가 몸에 안 좋은 식품으로 방송되는 바람에 물건이 팔리지 않게 되어 효소사업이 적자를 냄으로 경제적으로 어려움이 많았습니다.

저희 협동조합에서 생산하는 것들은 OM방식이 아닌 조합원들이 직접 생산하고 가공한 제품들입니다. 특히 작두콩 재배는 조합원들이 무농약으로 농사를 지어 생산합니다. 작두콩차는 비염에 좋으며 비타민 A와 C가 다량 함유되어 있고, 비타민 B군도 일반 콩의 4-5배 가량 더 많으며 섬유질 등의 각종 영양분이 풍부하며 축농증, 비만, 피부질환에 좋고 해독작용을 하며 특히 작두콩에 히스틴딘, 플라보노이 성분이 다량 함유되어 몸의 면역력을 향상시켜주고 몸을 따뜻하게 보호해 줍니다. 티백 손잡이는 인체에 해가 없는 폴리 프로필렌으로 제작하여 기존의 티백차와 차별화된 제품이어서 앞으로 수출까지 계획하고 있습니다.

판매처는 점점 다양하게 이루어져가고 있습니다. 처음에는 조합원들이 지인들을 통하여 판매 효과가 많았고 여러 단체에서 실시하는 바자회에 참여하여 판매함으로 판매수입과 함께 홍보효과가 커져서 직접 물건을 구입한 고객이 점차 늘어나고 있으며 쇼핑몰을 운영하시는 분들과 소규모로 납품하신 분들과 로컬프드 등 매장 입점 판매가 하나씩 늘어나고 있습니다.

이익금은 2014년에 팔백만 원이었고 2015년에 사천오백만 원, 2016년에는 팔천만 원을 예상하였는데 초과 수입으로 일억 원이 예상됩니다. 그리고 내년에는 일억오천만 원을 예상하고 있습니다. 이익금은 지역사회와 소외계층 일자리 창출과 문화활동 봉사자, 도서관 운영비, 영어캠프활동 등에 사용하고 있습니다. 케냐 바링고 지역(해발 2500m)에서 생산되는 무공해 커피를 월드배스트 프렌드를 통하여 수입, 가공하여 판매하고 있는데 이익금은 바링고 지역의 빈곤을 퇴치하고 어린이들이 학교에 다닐 수 있도록 도움으로 선교를 하고 있습니다.

현재 조합원은 17명이며 정규직 2명과 비상근직으로 생산직 2명과 취약계층 3명이 일하고 있습니다. 금년에 티백 손잡이 디자인 특허등록을 받아 향미를 개선한 작두콩차를 출시하여 큰 호응을 받고 있으며 수입 증가와 함께 일자리 창출이 크게 증가할 것으로 봅니다. 또한 금년 10-11월까지 가공공장 40평, 체험학습장 30평, 전시판매장 및 카페 30평 등 총 100평 건물을 신축하고 있습니다. 이 건물이 완성되면 농촌체험학습장으로서 큰 변화가 예상됩니다.

저희 교회와 힐링알토스협동조합은 지역사회 미니 테마공원을 만들어 지역주민들과 함께하는 문화공간을 만드는 것이 꿈입니다. 가공공장과 전시판매장. 체험학습장 건축이 끝나면 지역주민들의 문화활동에 크게 기여할 것입니다.

6. 지역사회 디딤돌 역할에 힘쓰는 교회

다음은 2016년 7월 23일 뉴스앤조이 김문선 기자가 신실한교회와 힐링알토스협동조합을 "지역사회 디딤돌 역할에 힘쓰는 교회"라는 제목으로 소개한 글입니다.

> 예수님 당시, 신실함을 대표하는 주자들이 있었다. 바리새인들이었다. 그들은 신실했다. 거룩했다. 그들은 율법이 제시하는 삶의 지침들에 충실했다. 그들은 분명 유대사회에서 존경받는 사람들이었다. 예수님은 그럼에도 이들을 힐난하면서 책망했다(마 23장). 무슨 이유인가? 그들의 분리적 사고 때문이다.

바리새인이란 말 안에는 '분리되다'란 뜻이 함의되어 있다. 이들은 종교 행위로 자신들의 지위와 거룩성을 다른 이들과 분리시켰다. 그들은 속으로 이렇게 말했다. '우린 너희와 달라' 그들은 자신들만의 두터운 경계의 벽을 세웠다. 성(聖)과 속(俗), 교회와 세상, 구원받은 자와 그렇지 못한 자, 남자와 여자, 종교와 민족, 이념이란 장벽을 세운 채 그들만의 하나님을 예배했다.

예수님은 달랐다. 그는 경계의 장벽을 허물었다. 그 당시 율법과 종교, 사회가 규정한 죄인들의 친구가 되어 주었다. 사람과 만남 그 자체를 목적으로 대하며 신음하는 생명에 새로운 생명을 북돋아주었다. 예수가 보여준 신실함과 거룩함의 본질은 무엇인가? 그것은 자기 우월주의에 도취된 분리적 삶이 아니다. 순전한 겸손함과 차고 넘치는 자비심으로 세상의 고난에 녹아지는 조화와 일치(一致), 평화의 삶이다.

이와 같은 예수의 거룩함을 따르기 위해 힘쓰는 목사가 있다. 교회, 세대, 지역의 벽을 허물고 하나님 나라를 이 땅에 실현하려 애쓰는 교회가 있다. 지역사회에 당면한 문제를 끌어안고 종교를 넘어 함께 아파하고 고민하는 공동체와 목사가 있다. 전남 화순에 위치한 신실한교회와 정경옥 담임목사다.

신실한교회와 담임 정경옥 목사(사진 제공 김문선)

신실한교회에 도착한 후, 정 목사와 인사를 나눴다. 따뜻한 웃음으로 환대해 주었다. 그의 목회 이야기를 들으며 '고향'이란 단어가 떠올랐다. 교회 이름처럼 그는 신실한 사랑으로 한 영혼을 대하기 위해 노력하고 있었다. 오고 싶고, 올 수 있는 고향 같은 공동체를 만들려고 18년이란 시간을 성실히 걸어왔다.

숫자의 결과가 전부는 아니다. 그럼에도 그가 신실함을 향해 노력한 결과이기도 하다. 현재 100여 명의 성도와 교회학교 학생들이 모여 함께 예수의 길을 따르고 있다.

교회 풍경은 아기자기하다. 마치 아이들 놀이터 같다. 푸른 잔디밭 위 그네와 미끄럼틀, 토끼와 닭, 풀, 곤충, 도서관과 테라스가 어우러져 있다. 쉼과 놀이, 어린이란 단어를 떠올리게 만드는 아름다운 풍경이다. 그렇다.

정 목사는 개척 초기부터 청소년들과 어린 영혼들에게 관심을 쏟았다. 그는 말한다. "청소년들과 아이들에게 보여주고 싶은 것이 많습니다. 그래서 동물과 곤충도 키웁니다. 로봇학교와 마을 도서관 운영, 영어캠프 등을 정기적으로 개최합니다." 그의 관심 때문일까? 아이들에게 신실한교회의 문턱은 낮다. 학교길에도 놀다갈 수 있는 편안한 곳이다.

놀이터와 아이들이 로봇 학교에서 활동하는 모습(사진 제공 신실한교회)

마을 도서관 풍경(사진 제공 신실한교회)

정 목사 개인이 경험한 교회 이미지는 따뜻하다. 어린 시절부터 고향을 찾은 교회 선배들에게 따뜻한 위로와 사랑을 받으며 자랐다. 서로 고민과 삶을 나누고 서로에게 힘이 되어주는 생명의 공동체가 교회임을 깨달았다. 이와 같은 교회에 대한 좋은 추억이 목회에도 긍정적 영향을 주고 있었다.

그는 관계 중심 목회를 지향한다. 친밀한 사귐과 인격적 교제를 바탕으로 세워지는 만남을 목회의 중요한 가치로 여긴다. 그는 말한다. "오늘날 한국교회가 잃어버린 모습이 있습니다. 바로 공동체성입니다. 교회 안에서의 친밀한 관계, 더 나아가 지역사회와 소통할 수 있는 공동체성 회복이 시급합니다."

특별히 정 목사는 지역사회와 소통하고 공동체성을 형성하기 위해 부단히 노력하고 있었다. 정기적인 마을청소, 지역 어르신 초청잔치, 마을 바자회 등 다양한 목회 프로그램을 이용하여 지역사회와 소통하고 있다.

또한 지역사회의 당면한 문제를 해결하기 위해 지역민들과 머리를 맞대고 함께 고민한다. 지역 경제 활성화와 문화사업을 위해 목사가 아닌 지역의 일원으로 활동하고 있다. 처음에는 목사란 타이틀 때문에 색안경을 끼고 보는 이들도 있었다. 시간의 흐름과 함께 그

바자회 전경(사진 제공 신실한교회)

의 진정성이 사람들에게 전해지고 있다. 이젠 현장에 가면 사람들이 먼저 다가온다. 활발한 대화와 토론을 나누고 지역사회에 당면한 문제 해결의 길을 함께 모색한다.

지역사회를 향한 관심의 열매로 2013년 '힐링알토스협동조합'이 만들어졌다. 힐링알토스는 건강한 먹을거리를 만들어 사회에 공헌하고 이윤 창출을 통한 제2의 선교사업을 목적으로 한다. 협동조합을 만들게 된 이유를 물었다. "지역사회와 공생을 위한 접촉점을 찾았습니다. 교회는 종교 단체이기 때문에 다른 사업을 진행하는 데 행정적인 한계가 있었습니다. 이 문제를 해결하고 하나님 나라의 방식대로 사업을 운영할 수 있는 길이 협동조합 안에 있었습니다."

힐링알토스협동조합에서 판매하는 물품들(사진 제공 김문선)

신실하게 달려온 18년의 목회 여정이다. 예수처럼 경계의 벽을 허물고 사람과 세상에 녹아들어 가기 위해 걸어온 시간이다. 정 목사는 협동조합과 공동체 사역으로 더 많은 것을 나누고 싶다고 말한다. 농촌교회 자립을 돕고 지역사회 성장을 돕는 디딤돌이 되길 자청한다. 그의 기대와 소망이 현실이 되리라 믿는다. 지나온 헌신과 눈물이 씨앗이 되어 농촌 교회와 농촌 사회 안에 하나님나라의 열매가 맺힐 날을 손꼽아 기다려본다.

7. 농촌 체험학습 운영

끝으로 저희 협동조합에서 체험하고 있는 프로그램이 많이 있지만 커피 로스팅 시나리오와 레시피를 소개하고 마치겠습니다.

① 커피 로스팅 시나리오

2015년에 만능통돌이 기계를 제작하여 가정에서 땅콩, 밤, 은행, 콩 등의 곡물과 커피 생두를 볶을 수 있으며 간단한 구조로 제작되어 있기 때문에 누구나 편리하게 사용할 수 있습니다. 커피는 한 번에 500g 정도 볶을 수 있으며 로스팅하는 시간은 약 10-15분 정도 걸리며 직화식이어서 팝콘소리를 들으며 원두들을 로스팅하기 때문에 내가 원하는 원두를 로스팅하여 내가 원하는 맛과 향을 즐길 수 있습니다. 또한 땅콩, 은행, 콩 등의 곡물을 5-7분에 아주 고르게 볶을 수 있습니다.

밤은 표피가 두꺼워 팽창하면서 터지기 때문에 볶기 전에 칼집을 내어 주면 숯불에 구운 밤 보다 더 잘 구워집니다. 만능 통돌이 기계는

2015년 특허출원을 받았고 2017년에 다시 보안하여 출원할 계획입니다. 가격도 저렴하여 특히 커피 애호가들이 많이 찾고 있어서 주문 생산을 받아 제작하여 주고 있습니다. 통돌이 기계를 개발하게 된 계기는 2013년 케냐 바링고 지역에 '월드베스트 프렌드 선교회'를 통하여 바링고 지역 주민들에게 컴퓨터 기술보급을 위해 40일 동안 단기선교로 I.T. 센터를 건축하고 온 것에 있습니다. 당시에 컴퓨터 기술학교를 건평 330㎡(100평)로 건축하면서 바링고 사람들이 커피를 냄비에 로스팅하여 마시는 것을 보고 개발하게 되었습니다.

케냐 바링고에서 생산되는 생두는 세계 최고의 커피 가운데 하나로 손꼽힐 정도입니다. 바링고 지역은 해발 2,250m의 청정 고산지대로 이루어져 있으며 농약이나 화학비료 없이 자연에서 키운 커피입니다. 월드 베스트 프렌드는 코이카(KOIKA)와 함께 바링고 지역 특산물인 커피를 직접 관리하고 직거래 공정무역으로 직수입하여 한국 소비자에게 제공하게 되었습니다. 커피를 통해서 아프리카 케냐 바링고 지역 빈곤을 퇴치하고 아이들이 학교를 다닐 수 있게 하기 위하여 2015년부터 공정무역으로 들여오고 있습니다. 2015년 6월에는 'KBS 특파원 현장보도'에 방영되었으며 많은 분들의 관심과 사랑을 받게 되었습니다. 2015년 1월~2월에 추수한 최고급 커피가 2015년 7월 6일부터 14톤을 들여와 국내에서 판매가 시작되었고, 금년에는 36톤이 판매되고 있습니다.

② 커피 로스팅 체험

커피 열매를 건조시키면 연한 녹색이 되며 이것을 생두라고 합니다. 생두는 그 자체만으로는 커피가 가진 향이나 맛을 전혀 느낄 수 없기 때문에 생두에 열을 가해야 맛과 향을 얻을 수 있습니다. 즉 커피의 맛과 향을 내는 과정을 '로스팅'이라고 합니다. 커피 원두의 생명력은 로스

케냐 바링고 커피농장 견학

팅 과정에 의해 맛과 향이 달라지며 로스팅 방법에 따라 생두 속에서 열분해가 일어나 수분이 줄어들고 원두의 부피가 커지면서 커피만이 가지는 독특하면서도 그윽한 향이 나오게 됩니다. 이 커피 원두를 분쇄하여 뜨거운 물에 추출하면 깊고 풍부한 커피의 맛을 낼 수 있습니다.

로스팅 과정과 생두의 변화는 다음과 같습니다. 생두는 2,000가지가 넘는 물질로 구성되어 있는데 220~230℃의 온도에서 10-15분 정도 볶는 로스팅 과정을 통해서 향미와 오감을 느낄 수 있습니다. 로스팅하는 방법은 여러 방법이 있는데 크게 가정에서 전통적으로 사용하는 팬 로스팅(Pan Roasting) 방법과 가장 널리 사용되는 드럼 로스팅(Drum Roasting)이 있습니다.

1단계는 생두 투입 단계입니다. 로스팅의 초기 단계로 가열된 드럼에 선별한 생두를 투입하는 과정입니다. 생두의 색은 밝은 녹색에서 황록색으로 점점 변화되고, 생두가 단단하고 수분 함량이 많을수록 풋내가 오래 지속되며 수분 증발이 늦게 나타납니다.

2단계는 건조 단계(Drying Phase)입니다. 이 단계에서 생두는 황록색을 거쳐 노란색으로 바뀌며, 풋내는 고소한 빵 굽는 향으로 바뀌게 됩니다. 생두가 열을 흡수(흡열반응)하면서 70~90% 가까운 수분이 소실되고, 드럼의 온도가 서서히 증가합니다.

3단계는 1차 크랙(1st Crack)하는 단계입니다. 열을 가한 생두는 이 단계에서 탄수화물이 산화되고 팽창하면서 표피가 벗겨질 때 톡톡 강하게 티는 소리가 들리게 됩니다. 이 과정을 통해 원두의 표면은 보다 팽창되고 색은 갈색에 가까우며 표면도 매끈해집니다. 이때에 가장 강한 신맛이 나며 이 시점을 시나몬 로스팅(Cinamon Roasting) 단계라고 합니다.

4단계는 2차 크랙(2nd Crack) 하는 단계입니다. 원두의 고유한 향이 발산되는 지점으로 로스팅 과정에서 가장 중요한 단계입니다. 1차 크랙 이후 원두 내부의 오일 성분이 원두의 표면으로 올라오게 됩니다. 원두는 점점 갈색에서 진한 갈색으로 바뀌면서 원두의 표면은 1차 크랙 때보다 더 팽창하면서 부드럽게 톡톡 튀는 소리가 납니다. 이 시점을 풀 시티 로스팅(Full City Roasting) 단계라고 하며 신맛이 약해지면서 단맛이 나게 됩니다. 2차 크랙 이후부터는 신맛과 단맛이 줄어들면서 쓴맛이 강해지는데 이 단계를 프렌치 로스팅(French Roasting) 단계라고 하며 여기서 조금 더 볶으면 이탈리아 로스팅(Italian Roasting) 단계가 됩니다.

③ 커피 로스팅의 8가지 단계

(1) 라이트 단계 - 1차 파핑(생두의 표면이 가스의 압력을 이기지 못하고 부피가 팽창되면서 터지는 현상)의 바로 전 단계(향기가 나기 시작하지만, 강한 코크가 부족합니다)

(2) 시나몬 단계 - 1차 파핑 도중의 중간까지의 단계 (신맛이 슬슬 나며, 매우 연한 맛이 납니다)
(3) 미디엄 단계 - 1차 파핑의 종료 후 단계 (다갈색으로, 아메리칸 스타일의 가벼운 맛과 향이 납니다)
(4) 하이 단계 - 부피가 커지고 향이 변하기 전까지 단계(신맛이 강하지만, 쓴맛은 부족합니다)
(5) 시티 단계 - 향이 변한 후부터 2차 파핑까지의 단계(신맛과 커피의 풍미가 적정해 집니다)
(6) 풀시티 단계 - 2차 파핑 후 ~ 진밤색을 띠기까지의 단계(원두 표면에 지방이 나오며, 향미가 좋으며 신맛이 약해지고 쓴맛이 살살납니다)
(7) 프렌치 단계 - 진밤색에서 초콜렛 색으로 변화하는 단계(지방이 가득 나오며, 에스프레소에 가장 적합하면서 쓴맛이 높아집니다.)
(8) 이탈리안 단계 - 갈색 기운이 사라지고, 검은빛 코팅이 가득하기 까지의 단계(스모크하고 자극적이며, 농후한 맛을 지녔습니다)

④ 커피 로스팅의 특징

(1) 로스팅 단계별 가장 큰 '특징'은 로스팅 단계가 낮으면 커피 고유한 특징인 상큼한 신맛은 강하지만, 로스팅 단계가 풀시티를 넘어가면서 신맛은 줄어들고 쓴맛이 강해집니다.
(2) 로스팅은 생두 품종의 종류에 따라 로스팅 단계가 각각 다르며, 또한 커피의 주요 성분인 카페인은 로스팅 단계가 높을수록 기화되어 카페인 성분이 줄어듭니다.
(3) 원두의 향과 미를 좌우하는 요소는 산소, 온도, 햇빛, 습도와 냄새, 볶는 시간에 따라서 좌우됩니다.

커피 로스팅 실습은 다음과 같이 나누어 체험합니다.

(1) 통돌이 기계 사용방법 강의
(2) 불 조정(10-15분)
(3) 로스팅 단계
(4) 불 조정
(5) 원두를 꺼내는 과정

핸드드립 커피 내리기의 체험 순서는 다음과 같습니다.

(1) 핸드내림 커피 기구설명
(2) 핸드믹서기 사용방법
(3) 드립퍼 사용방법
(4) 드립퍼 포트 사용방법
(5) 여과지 사용방법
(6) 주전자 사용방법

마을이 살아야 교회가 삽니다

∽∽∽

김인선

1. 116년 전 개동마을과 개동교회

　개동교회가 세워져 있는 개동마을은 지금으로부터 450년 전에 세워진 마을입니다. 당시 이곳은 영산강 상류이기 때문에 영산강을 따라서 배들이 들어왔고 구전에 의하면 지금의 수북 위쪽 한수동까지(주평, 포백, 대방 – 모두 배가 들어왔기에 만든 이름과 관련) 배가 들어왔다는 말을 듣게 됩니다. 또한 당시 개동마을의 주업은 농업과 더불어 뽕나무를 많이 길러 누에를 치는 등 활발한 농경사회였습니다. 그러던 중 1901년 2월 20일 이곳에서 영광 출신인 강사홍 씨에 의해 첫 예배가 시작되었습니다. 처음에는 '삼소동교회'까지 걸어서 주일이면 예배를 드리러 갔습니다. 하지만 거리가 너무 멀어 그들은 지금 있는 이곳에 기도처를 세워 서로 돌아가면서 기도하고 성경공부를 하기 시작했습니다.

---

* 김인선 목사(담양 개동교회)

이 교회의 특징은 다른 교회와는 다르게 당시 선교사에 의해 세워진 교회가 아니라 순수하게 조선인들에 의해 세워져 자생한 기도처로 시작했다는 사실입니다. 그러던 중 자신들에게 말씀과 기도의 한계를 느끼게 되자 1904년 이후 광주에 선교사로 오게 된 배유지(유진벨) 선교사의 봄, 가을 순회(정확하게는 언제인지 알지 못하지만 1905년 가을로 추정) 방문 때 이곳 개동마을에 기도처가 있음을 듣게 되었고 지도를 받게 됩니다. 1906년 3월 10일에 최인서, 고명주, 강사홍, 강대혁, 문복근, 박만옥, 양분례, 박원삼, 고광술, 신광희, 신노대 등이 당시 전남노회의 허락을 받아 교회를 설립하기에 이릅니다.

저희 교회의 특징 중 하나가 1976년 전후로 중등 성경구락부를 통해 믿는 자와 믿지 않는 자까지 지역사회(당시 한재에서까지 이곳에 공부하러 옴)를 섬겼다는 것입니다. 당시 성경, 영어, 수학, 사회를 가르치다가 박정희 재건 새마을운동 때 멈추게 됩니다(당시 교장: 박춘식, 교감: 박성렬). 또 하나의 특징은 타마자 선교사와 개동교회와의 연관성입니다.

타마자 선교사는 1908년 - 1947년까지 개동교회에 1년에 몇 차례 유아세례, 학습, 세례, 입교, 결혼식을 집례하였습니다. 또한 유화례 선교사(1893-1978)는 광주에 있는 수피아여중, 고 교장으로 재직하면서 담양을 다니며 교회학교 순회교육을 실시하였는데 개동교회에도 자주 오셔서 1965년 9월 22일에 집회를 인도하는 등 전도사업에 힘썼습니다. 유화례 선교사는 음악을 특히 잘하셔서 기타를 치며 사람들에게 음악을 가르쳤고 교회학교 아이들에게 부직포를 이용하여 인물 설교를 하였습니다.

그리고 인도아 선교사(린튼 목사, 1927년 출생)는 개동교회에서 1955년부터 1964년까지 유아세례, 입교, 세례를 집례하였습니다. 심지어 박춘식 목사 때(1963년으로 추정)는 교회가 어려워 연탄이 떨어지자 당시 시무장로였던 고요한 장로와 함께 연탄을 사서 차에 싣고 개동교회에 와서 도움을 주시고 가는 등 신앙교육과 섬김의 본까지 보여주셨습니다. 뿐만 아니라 저희 교회 성도들은 마을을 섬기기 위해서 '공동품앗이 운동'을 전개하며 함께 농사를 짓는 등 혼자 할 수 없는 일을 신

앙인이든 비신앙인이든 함께하는 사역했음이 나타나 있습니다. 이 모든 것이 선교사들과 먼저 계셨던 신앙의 선배들이 보여준 본을 따라 지금까지 걸어왔던 현장이었습니다.

2. 2011년 12월 26일 33대 목사로 부임하여…

당시 개동교회에 부임하였을 때 역사와 전통으로 빛났어야 할 개동교회는 젊은이들이 모두 마을과 교회를 등지고 여느 시골교회처럼 담양읍과 광주에 나가서 살며 고향교회에 오지 않고 가정사와 환경적인 이유로 근처 교회에서 신앙생활을 하고 있었습니다. 그러다보니 자연스럽게 노인들만 40여 명 모여 겨우 예배만 드리는 교회이며 건물은 1975년도에 지어진 적벽돌에 스레트 천정을 가진 다 쓰러져가는 교회로 함께 쇠락해가고 있었습니다. 비가 세고, 지붕은 내려앉는 등 심한 균열로 보수가 시급한 상황이었습니다.

당연히 마을은 마을대로, 교회는 교회대로 따로 생활하는 교회가 되어가고 있었고 마을 사람과 교회는 하나 되지 못하는 아픔을 겪고 있었습니다. 이곳에 부임하여 밤마다 마을회관과 가정집을 돌며 마을 사람들을 만났을 때 그분들이 저희 부부를 보며 하시는 말씀이 "젊은 부부가 열심인거 같으니 마을 사람들과 친해져 보라"고 하더군요. 우리 마을이 생각하는 교회 현주소를 그대로 보여주고 있었던 것입니다.

교회학교는 젊은이들이 모두 떠났기에 문을 닫은 지 5년이 지났고, 어른들은 몇 곡 안 되는 찬송가로 매주 타들어가는 가뭄을 해갈하고 있었으며, 꿈과 소망이란 이곳과는 전혀 어울리지 않는 상황이었습니다. 만나는 사람들마다 "안 된다, 못한다, 어렵다, 힘들다"는 단어만 마치 녹음해놓은 기계에서 흘러나오듯이 말하고 있었으며, 나를 이곳에 부른 이유는 자신들 장례식을 잘 치러주고 목사만 홀로 끝까지 남아서 교회를 지키기 위해서 선택한 것처럼 느껴졌습니다.

3. 하나님께서 개동교회로 보내신 이유를 찾다!!

> "그 후에 내가 내 영을 만민에게 부어 주리니 너희 자녀들이 장래 일을 말할 것이며 너희 늙은이는 꿈을 꾸며 너희 젊은이는 이상을 볼 것이며"(요엘 2:28).

매일 새벽에 기도하면서 하나님께서 이곳에 나를 보내신 이유가 분명 있을 것이라는 확신과 함께 사역을 찾아보았고 크게 두 가지를 보게 되었습니다. 첫째는 성도들 중에서(나중에 마을까지) 문맹률이 높다는 것을 알게 되었고 마을에 전도하러 갔을 때도 글씨를 모르기에 교회를 못 온다는 사실을 알게 되어 한글공부를 가르치기 시작했습니다(처음에는 마을회관 ⇒ 지금은 교회에서). 둘째는 전형적인 농촌마을의 이점을 살려 "담양개동마을회"라는 마을기업을 만들어 4년째 절임배추를 만들어 판매를 시작하여 모든 성도와 마을 사람들이 함께하는 소문난 마을이 되었고, 딸기, 수박, 땅콩, 김장 체험으로 마을 사람들에게 수익을 얻도록 안내하고 있습니다.

저에게 있어 교회의 존재 이유와 목회자 사명 중 하나가 논에 물꼬를 터주듯, 농사를 위해서 막혀 있는 논에 물꼬를 터 새롭게 논을 일구고 씨를 뿌려주는 것처럼 내가 있는 현장에서 나에게 허락하신 사람들과 하나님의 부르심에 따라 할 수 있는 만큼 하는 것이 사명이라고 생각했습니다. 그러면 하나님께서 키워 가실 것이라는 확신입니다. 그러기에 이곳에 와서 내가 할 수 있는 일은 복음을 통해 예수님께서 사마리아와 땅 끝까지 전도하라고 하셨던 말씀처럼 이곳이 나의 선교지이고, 전도지임을 잊지 않고 이곳 마을에 맞게 사역을 펼치기 시작했습니다.

또한 카톡의 상태 메시지에 남겼듯이 "마을이 살아야 교회가 살 수 있다"는 사실을 잊지 않으며 다음과 같은 사역을 하기 시작했습니다;

"예수께서 온 갈릴리에 두루 다니사 그들의 회당에서 가르치시며 천국 복음을 전파하시며 백성 중의 모든 병과 모든 약한 것을 고치시니 그의 소문이 온 수리아에 퍼진지라 사람들이 모든 앓는 자 곧 각종 병에 걸려서 고통 당하는 자, 귀신 들린 자, 간질하는 자, 중풍병자들을 데려오니 그들을 고치시더라 갈릴리와 데가볼리와 예루살렘과 유대와 요단 강 건너편에서 수많은 무리가 따르니라"(마 4:23-25).

첫째, 개동 한글학교 운영입니다. 해방을 전후한 시기와 6.25 전후의 시기에 태어나신 우리의 부모 세대는 가정환경, 사회적 환경 등으로 학교를 가고 싶어도 갈 수 없었다는 사실을 알게 되었습니다. 그러다 보니 자연스럽게 배움의 기회를 놓치게 되었고 지금까지 그렇게 살아왔습니다. 전도하러 마을회관에 갔더니 하나같이 글씨를 모르기에 교회를 올 수 없다는 말을 듣고 그때부터 마을회관에서 매주 3회씩 한글을 가르치기 시작했습니다. 물론 무턱대고는 할 수 없었기에 당시 이장을 만났고, 노인회장을 만나 그분들부터 설득해서 시작했습니다.

글씨를 모르다보니 교회에서는 찬송가와 성경을 찾다가 서로 싸우고, 사이가 안 좋아지는 것을 보며 이들에게 필요한 것은 보지 못하는 병을 고쳐주는 것이 무엇보다도 시급함을 알고 한글공부를 시작했습니다. 참고로 우리 마을은 100가구 정도 사는 상당히 큰 단위 마을입니다. 연령층은 초고령화 사회를 지났으며 평균 연령대가 70세 이상인 마을입니다. 처음에는 우리 마을만 한글공부를 시작했는데 다음 해부터 담양군에서 한글 선생님을 모집한다는 소식을 듣고 지원하여 저와 함께 아내는 5개 마을을 돌면서 한글을 가르치며 전도하고 있습니다.

자연스레 우리 교회가 소문이 나기 시작했고 이로 인해 전도되어 지금은 60명 정도의 노인이지만 성도가 생겼고, 젊은이도 10여 명 이상 나오기 시작했습니다. 주일이면 70명 이상이 오전예배를 드리기에 얼마나

감사한 일인지 모릅니다. 한글만 가르치는 것이 아니라 이곳 상황에 맞게 소풍, 음악회, 목욕봉사, 병원 사역 등 주민들이 원하는 것이 무엇인지 찾아서 해오고 있습니다.

할머니들이 점점 글씨를 알기 시작하니 자녀들에게 편지를 쓰기 시작했습니다. 물론 받침이 엉망이고 표현력은 창피할 정도이지만 자신들의 마음속 이야기를 글로 표현하여 자녀들에게 편지를 보내니 행복하기도 하시고 울기도 했습니다. 또한 평생 자신 스스로 은행에 가서 돈 한 번 찾아본 적이 없었고, 혹시 은행에 가더라도 통장과 도장을 직원에게 주며 도움을 받았는데 이제는 스스로 이 일을 할 수 있으며 내 통장에 잔고 얼마인지를 알게 되니 그 돈을 찾아 자식들과 손주들에게 직접 용돈도 주시기 시작하셨습니다.

무엇보다도 감동적인 것은 장날이 되어도 스스로 버스타고 장터에 다녀오신 적이 없는데 이제는 글씨가 보이고, 버스 숫자도 보이니 마을 이름을 스스로 읽고 남들 도움 없이 장날 일을 보고 오시기 시작하자 마을 사람들조차 놀라기 시작했습니다. 이 모든 것들이 배움이 주는 기쁨이고 행복이다 보니 자연스레 정신적으로도 치매를 늦출 수 있고 건강해지니 자신감이 생긴다고 자랑하십니다. 지금은 매년 담양군에서 실시하는 발표회에도 마을별로 나가기 시작하여 더욱더 활성화되어가고 있습니다.

두 번째 사역은 "담양개동마을회"라는 마을기업을 만들어 교회 공동체가 앞장 서고 하나 되어 선교하며 마을을 섬기는 사역입니다. 2012년 '볼라벤'이라는 쌍태풍이 이 지역을 지나갔을 때 저희 교회 강단 천정에 있는 지붕 스레트가 날아가게 되어 교회는 '건축이냐 리모델링이냐'는 기로에 서게 됩니다.

결국 당회와 제직회는 3억 예산으로 공사를 시작했으나 총 비용 6억 원에 총 210평의 교회, 교육관, 사택공사를 직영으로 끝내게 됩니다. 3억 1천만 원은 청산하였고, 현재 2억 9천만 원의 빚을 안고 20년 상환이라는 끝도 없는 채무자가 되었습니다. 이때 교회 권사님 한 분이 절임 배추로 자신이 몇 년을 친척들에게 보내보니 돈이 되더라는 이야기를 하시면서 자신에게 배추 2천 포기가 있는데 교회에 건축예물로 바치겠다면서 저에게 판로를 알아보라고 하셨습니다.

그때 이것이 하나님의 음성이라는 확신 속에 소문을 내고 판로를 알아보는데 너무 잘되는 것이었습니다. 이 일이 시점이 되어서 다음 해부터는 교회 전체가 하나 되어 밭을 임대하여 매년 1만 5천 포기를 심었고 3년 만에 1억 원의 빚을 상환하게 되었습니다. 이 일은 단순히 우리 교회만의 일이 아니라, 우리 마을의 일이었습니다. 그동안 교회 소문이 잘 났고, 전도가 잘 되어 마을의 60%가 교인이었기에 이 사업은 자연스레 우리 마을 전체의 사업이 된 것입니다. 그러다보니 배추는 우리가 키운 것

과 마을사람들이 키운 것을 동시에 판매하는 효과를 얻게 되었습니다.

하나님은 그러는 사이에 또 다른 준비를 하셨습니다. 2015년 담양군에서는 마을 만들기 사업을 시행하였고 우리 마을은 이 사업에 신청하기 위해 "담양개동마을회"라는 마을기업을 만들게 됩니다. 물론 그 중심에는 우리 교인들이 있었습니다. 그리하여 우리 마을 전체가 소득 부분에 신청을 하여 1년 동안 재미있게 사업을 한 결과 뿌리(3백만 원), 줄기(3천만 원) 단계를 지나 열매단계 콘테스트에서 우수마을로 뽑히게 되었고, 2018년 창조적 마을 만들기 사업(농림부 주최 5억 원 사업)에 진입하게 되어 지금 마을 역량 교육중에 있습니다.

이러는 사이에 마을에는 많은 변화가 오게 됩니다. 서로 협동하기 시작하면서, 좋은 소문이 나게 되었고, 이 모든 것들이 개동교회가 있었기에 가능한 것이라는 기쁜 소식이 나게 된 것입니다. 뿐만 아니라 딸기체험, 수박체험, 땅콩체험, 김장체험(중국 신혼객 웨딩촬영 시 마을김치체험 상시 운영) 등이 마을에서 이루어지게 되었고, 이로 인해 많은 사람들이 저희 마을을 방문하게 됩니다. 이것을 인정받아 마을 안쪽 벽은 선라남노에서 지원을 받아 벽화로 새로운 옷을 입혀 방문객들에게 기쁨을 선사하게 됩니다. 뿐만 아니라 마을 앞에 수남초등학교(2000년 폐교)가 있는데 이곳에 5천만 원을 전라남도에서 지원을 받아 공원화 사업을 시작하게 되었습니다.

이 모든 것을 이루기 위해서는 먼저 교인들이 하나 되어야 했습니다. 똘똘 뭉쳐 분명한 목적 속에서 이 일을 진행하기 시작했고, 목사와 장로들은 면사무소와 군청과의 관계를 잘 유지했으며, 성도들은 좋은 소문을 내며 일을 하기 시작했습니다. 처음에는 잘할 수 있을까 걱정이 많았고, 평균 나이가 많았기에 일을 진행하기가 어렵지 않을까 염려도 했지만 오히려 모든 성도가 더욱더 단결하고 하나가 되다보니 교회는 더욱더 일치월장 내적으로 단단한 믿음의 덩어리가 되기 시작했습니다.

또한 새로운 교회를 건축하면서 숙소, 식당, 샤워장 등을 같이 지어 체험객, 외부인들이 이곳에 올 수 있도록 시설을 갖춰 매년 여름과 겨울에 도시교회에서 우리 마을로 농활대 및 수련회로 사용하며 교회는 더욱더 마을에서 인심을 얻게 되어 갑니다. 오신 분들은 마을에 들어가 독거노인, 어려운 가정에서 직접 청소하고, 도배하고, 풀을 베고, 어려운 일을 감당하였으며, 식사를 준비하여 섬기고, 미용, 의료, 시골교회 성경학교 봉사, 벽화 등을 그려가며 주의 길을 더욱더 굳건하게 진행하고 있습니다.

"담양개동마을회"에서는 수익금의 일부를 적립하여 소금을 구매하고, 다음 일을 준비하였으며, 마을회관에서 전체 주민들에게 잔치를 하며 식사로 섬기는 등 좋은 소문이 끊이지 않고 계속되어가고 있습니다. 지금 전국적으로 마을 만들기를 곳곳에서 하기 시작했습니다. 농촌이라는 마을뿐만 아니라 도시에서도 '마을'이라는 우리의 단어를 새롭게 적립하여 고유의 마을을 회복하고 그 마을이 가지고 있는 장점들을 복원

하며 모든 마을 사람들이 하나되는 공동체 정신을 이루어 가고 있습니다. 물론 아파트도 예외는 아닙니다.

여기서 왜 교회가 이 일에 중심에 서야 하는가 하는 문제가 있습니다. 우리 교회가 마을 살리기의 중심에 서다보니 훨씬 빠른 시간에 중론을 모을 수 있고, 같은 일을 진행하더라도 욕심 없이 봉사의 직무를 감당하더라는 것입니다:

"끝으로 형제들아 무엇에든지 참되며 무엇에든지 경건하며 무엇에든지 옳으며 무엇에든지 정결하며 무엇에든지 사랑 받을 만하며 무엇에든지 칭찬 받을 만하며 무슨 덕이 있든지 무슨 기림이 있든지 이것들을 생각하라"(빌 4:8).

그렇다면 농어촌이든 도시든 마을에서 목회를 해나가야 할 우리 입장에서 정부와 대립하지 않고 오히려 정부에서 하는 사업이 우리에게는 신앙이라는 공동체 의식과 장점이 있기에 이 일을 적극 활용한다면 양기 이득의 결과를 얻게 될 것입니다.

4. 가장 기억에 남는 사례!!

개동 한글학교를 운영하면서 어르신들이 자신감을 갖고 신앙생활을 하기 시작했습니다. 전에는 눈치보고, 다른 사람들에게 끌려서 왔다면 이제는 자신 스스로가 믿음생활을 하는 것을 보았습니다. 교회 밖에서는 문맹이 해결이 되어 자신이 생겼으며 교회에서는 스스로 헌금을 직접하기 시작했고, 감사의 편지까지 쓰기 시작했습니다.

> 김남순 딸십 다섯 머거쓰니 머리가 희다 그래도 열심이한다
> 아들딸 사위 손자 손여 모두가 건강하고
> 살면 행복하다 나는 공부를 하고 싶었다
> 친구들하고 어디를 가도 주소와 전화 번호를 쓰지못해
> 가슴이 콩닥콩닥 이마음을 누가 알까요
> 이제는 조금이라도 쓸수가 있어 정말 좋아요
> 선생님 정말 고마워요 개동교회 한글학다 공부해요

또한 "담양개동마을회"를 섬기다보니 교회가 부흥하게 되었습니다. 마을이 복을 받으니 교회학교가 부흥을 했습니다. 처음 이곳에 왔을 때 할머니 할아버지만 40명이었던 교회가 이제는 장년이 70명 이상 예배를 드리고 있습니다. 5년 전 교회학교는 이미 문을 닫은 지 수년… 그러나 하나님께서는 전도의 문을 열어 주셔서 지금은 교회학교 학생들이 35명 이상 모이기 시작하는 교회로 변하기 시작했습니다.

물론 우리 마을에 있는 아이들은 6명이 전부이지만 주위 마을에 좋은 소문이 나고 알려지기 시작하자 한 명 또 한 명 모이기 시작하더니 지

금은 초등학생 15명, 중고등학생 15명, 청년 8명이 되었습니다. 또한 장년들 중에 부부 3가정과 청년들은 함께 제자훈련을 시작하게 되었고, 이곳에 와서 5년 동안 세례를 베푼 성도의 수는 25명(유아세례 1명 포함)이며 올해도 어른들과 학생들이 세례 받을 준비를 하고 있습니다.

부임 초기에 어미 소가 출산이 가까웠는데 아프다고 기도해달라고 하던 때도 있었습니다. 그런데 놀랍게도 하나님이 은혜를 베푸셔서 쌍둥이 송아지를 태어나게 하는 기적도 있었으며, 태풍이 불어 주위 마을에 하우스와 논이 날아가고 침수당할 때에도 우리 마을은 안전할 때 마을 사람들이 개동교회가 있기에, 기도하기에 안전하다는 믿음의 고백을 스스로 하기 시작했습니다.

지난번 큰 비로 저희 배추밭도 예외 없이 물에 잠겼습니다. 모두들 걱정, 또 걱정했는데 하나님은 그 다음날부터 또 다시 비를 주셔서 배추잎을 한잎 한잎 씻겨주시며 병충해를 막고 흙을 씻어주시어 건강한 배추가 되게 하셨습니다. 우리 교회 교인들은 처음에는 안 된다고, 못한다고, 다 해보았다고 했지만 지금은 무조건 교회가 결정하면 하기 시작합니다. 하나님께서 우리 교회에 허락하신 일이라고 믿고 하나님의 뜻대로 살아가는 것입니다. 처음에는 매우 부정적인 말만 하면서 살았지만 지금은 모두 긍정적인 말을 합니다. 저는 지금까지 예배시간에 "잘되고 있습니다. 좋아져 가고 있습니다"라는 표어를 외치고 있습니다. 하나님께서는 그 소리를 듣고 책임지시는 것을 느끼고 있으며 이 고백은 목사의 고백으로 끝나는 것이 아니라 동네 사람들도, 지역사회에서도 개동교회가 있어서 잘 되고, 좋아진다는 말을 하기 시작했고, 기도를 부탁해 옵니다.

5. 다음으로 계획하고 있는 사역

저는 다음 세대에 정성을 쏟고 있습니다. 왜냐하면 지금 함께하는 분들은 연세가 있어서 앞으로 20년 후에는 안 계시기 때문에 그렇습니다. 그러나 35명의 젊은이들은 앞으로 20년 후에 우리 교회의 허리가 될 것입니다. 그래서 우리 교회학교 학생들과 두 달에 한 번씩은 함께 체험하고, 나누고, 공동체 활동을 합니다. 중심이 되는 법을 배우게 하는 것입니다. 5년 전 아무도 없는 교회학교를 우리 아이들 두 명과 함께 선교사의 마음으로 마을로, 교실로 전도를 하기 시작했습니다.

그리고 어렵게 사는 아이들, 조부모 아이들, 아버지와 사는 아이들, 부모가 바빠서 챙겨주지 못하는 아이들 위주로 함께 하고 여행도 가기 시작했습니다. 처음에는 전남에 있는 대학부터, 전남대, 한동대, 서울대, 연세대, 카이스트… 경주, 포항, 서울, 제주도까지… 아이들에게 꿈을 심어주고 행복을 보여주며 혼자가 아님을 느끼게 해주었습니다. 다

음 계획은 내년 2월 19일부터 25일까지 28명의 학생들과 선생님들이 필리핀으로 비전트립을 준비하고 있습니다.

    다음으로 우리 마을에 노인 공농시설을 갖추고 싶습니다. 마을에 혼자 사시는 노인이 많다보니 이 분들이 아프거나 몸이 불편하면 돌봐주시는 분들이 없고, 식사를 거르고, 병원에 가기 힘들어 하는 것을 봅니다. 그래서 생각한 계획이 낮에는 당신들 논과 밭에서 생업을 하시고, 밤에는 함께 오셔서 공동생활을 하게 된다면 어려운 문제도 해결될 수 있겠다는 계획을 세워 기도하며 알아보고 있습니다.

6. 마무리하며: 실패했던 기억

첫째, 필요한 사람이 되어라

제가 신학교에 다닐 때 '목회자가 되기 전에 사람이 되어야 한다' 는 것을 배웠습니다. 다시 말하면 그곳에, 거기에 필요한 사람이 되어야 하겠다는 생각을 많이 해봅니다. 하나님께서는 저를 시골 마을에 보내시면서 여기에 필요한 사람이 되게 하셨습니다. 또한 시골 교회이지만 제가 필요한 사람으로 섬기기(변하기) 시작했습니다. 그러다보니 큰 일부터가 아니라 작은 일부터 섬기기 시작했습니다. 성도들의 생일 챙기기, 마을 대소사 챙기기, 안 믿는 분들의 손발이 되어 그분들을 기억해주는 일(농협, 면사무소 업무 대행)을 하기 시작하니 할 일이 보이기 시작했습니다.

또한 농촌이든 도시든 공무원들과 친해져야 합니다. 사실 그 분들은 우리를 다른 눈으로 바라봅니다. 그러나 자꾸 찾아가고 우리가 어떤 사람인지 알려지기 시작하면 그들이 먼저 우리를 찾더라는 것입니다. 지금 각 지역에서는 마을지원센터라는 단체를 만들어 마을사업을 도와주려고 하고 있습니다. 그곳에 가서 교회가 섬길 수 있는 방법은 무엇인지, 할 수 있는 사업은 무엇인지 정보를 알아보고 뛴다면 마을을 섬길 수 있는 방법이 있을 것입니다.

둘째, 무조건 전도하려 들지 말라

처음 목회지에 오면 모두들 열심히 하려고 할 것입니다. 그러나 '열정' 과 '열심' 은 다르다는 것을 알았으면 합니다. 열심히 하면 지치게 되고 멈추게 됩니다. 그러나 열정을 가지게 되면 결코 실패하지 않는다는 것을 알았습니다. 전도도 마찬가지입니다. 시골이든 도시든 매일, 매시간, 계속적인 전도가 필요합니다. 그러나 내가 있는 곳의 상황, 환경 등을 먼저 보고 그분들의 눈높이에 맞춰 섬기고 사랑하는 전도를 하기 시작하면 그분들은 자연스럽게 나를 통해 주님의 마음을 알기에 자연스럽게 전도가 된다는 것입니다.

셋째, 마을 사람이 먼저 되어라

지금 저는 개동마을에 온 지 5년이 되어 갑니다. 현재 제 직함은 담양개동마을회 총무로 운영위원이 되어 함께 섬기고 있습니다. 물론 이장은 아닙니다. 하지만 저는 이미 우리 개동마을 사람들이 인정해준 마을 사람이 되었기에 마을의 모든 대소사에 참여하고 함께 기도해줄 의무가 생겼습니다. 그러기 위해서 많이 만나야 합니다. 많이 이야기 해야 합니다. 얼굴을 보여줘야 하고 그들의 삶에 직접적으로 동역해야 합니다. 저는 농부 아들로 태어났지만 농사를 지어본 적은 없었습니다. 또한 여기서 직접 농사를 짓지도 않습니다. 그러나 그들과 함께 농사하고, 같이 울어주고, 같이 고민하고 있습니다. 저는 목사입니다. 예수님처럼 이곳에서 가르치고, 고쳐주고, 전도하러 왔음을 항상 기억하고 있습니다:

"일만 하면 소가 되고, 공부만 하면 괴물이 되고, 일과 공부를 하면 사람이 된다"(일소공도, 노자).

넷째, 혼자 목회하지 마십시오

예수님도 12명의 제자들과 함께 목회를 하셨습니다. 물론 목회 초기에 처음부터 12명이 아닌 2명이라도 함께 해주는 동역자가 있으면 좋겠지만 그렇지 못합니다. 그렇다면 어떻게 할 것인가? 물론 먼저 강단에 엎드리고 기도하고 하나님의 도우심이 먼저 있어야 합니다. 거기에 카톡과 페이스북과 같은 SNS(Social Network Service)를 최대한 이용하는 것입니다. 제 개인적인 일도 필요하지만 사역을 중점으로 기도 동역자와 친구 형제들에게 알리고 보내자는 것입니다. 모든 일은 나 혼자

하지 못합니다. 동역자가 반드시 필요합니다. 그들도 혼자가 아닙니다. 그들도 동역자가 필요합니다. 사역을 하고 싶지만, 기도하고 싶지만, 후원하고 싶지만 알지 못하기에 못하는 경우가 많습니다. 이제 그들에게도 기회를 주시고 함께 동역자로 세워주고 알려주는 SNS를 적극 활용하십시오.

다섯째, 실패도 했습니다

제가 부임하기 전에 전임 목사님이 이곳에 12년을 계시면서 교인들에게 사회복지 공부를 하게 하였고, 요양 보호사 자격증까지 따게 하였습니다. 저도 당연히 우리 마을뿐만 아니라 주위 마을에 어른들이 많기에 재가복지센터를 하면 소위 '대박' 날 것이라는 생각으로 일을 진행했습니다. 저보다는 젊은 선생님을 세워 센터를 운영했고, 교회에서도 모두 협력하기로 했습니다. 그러나 결과는 원하는 대로 이루어져 가지 않았습니다. 준비가 되지 않았던 것입니다. 모두 내일이라고 여기지 않은 것입니다. 그것은 목사의 일이고, 그 선생님의 일이었지 교인들의 일은 아니었던 것입니다. 다시 말하면 그 사업을 해야 할 이유가 우리에게(어쩜 자신들에게)는 없었던 것입니다. 결국 우리는 1년 반 만에 문을 닫게 됩니다. 모든 일들은 하나님께 하시는 것을 확실히 알아갑니다. 나는 다만 그분의 계획 속에 담겨져 있을 뿐입니다:

> "사람이 마음으로 자기의 길을 계획할지라도 그의 걸음을 인도하시는 이는 여호와시니라"(잠 16:9).

동네목사 이야기

오창우

이야기를 시작하며

한국교회는 '섬'에 비유된다. 지역에 위치한 지역교회가 제 기능을 다하지 못하고 지역주민들로부터 외면을 당하고 혐오시설로 인식되는 현실 가운데 있다. 여러 가지 이유로 인하여 개신교의 대사회적 신뢰도가 형편없이 낮아졌을 뿐만 아니라, 미래 한국교회에 대한 예측은 암울하다. 한국교회의 미래에 대해서 많은 사람들이 우려를 아끼지 않고 있다.

최윤식은 그의 저서에서 벼랑 끝에 선 한국 교회라는 제목으로 "한국교회, 잔치는 끝났다! 한국 교회는 성장이 잠시 주춤한 것이 아니라 이미 쇠퇴기에 접어들었다. 뼈를 깎는 노력으로 갱신하지 않고 그냥 이대로 가면 2050~2060년경에는 400만, 아니 300만 명대로 교인수가 줄어들 수도 있다. 주일학교는 30~40만 명대로 줄어들 수 있다"[1]고 전망

---

* 오창우 목사(한남제일교회)
1) 최윤식,《2020-2040 한국교회 미래지도》(서울: 생명의 말씀사, 2013), 39.

하고 있다. 이러한 상황 속에서 한국교회는 어떻게 나아가야 할까? 특히 지역사회와 어떻게 화해하면서 발맞추어 나아갈 수 있을까? 우리 교회학교와 청년들과의 관계는 어떠해야 하는가?

한국교회의 신뢰도 회복과 교회의 선교적 본질 회복을 위하여 한국교회가 지역사회와 함께 하는 선교적 교회를 지향해야 한다. 선교적 교회는 지역사회의 변화에 많은 관심을 보인다. 선교적 교회는 지역사회의 중요한 구성원으로서 지역사회와 함께 고민하고 해결책을 찾아간다.[2)]

마을지기 목사 이야기

오창우 목사는 서울시 용산구 한남동에 위치한 한남제일교회에서 31년을 목회하고 있다(1985년 12월 20일 부임). 교회가 지역사회에 꼭 필요한 존재가 되어야 한다고 생각한다. 부임할 당시 어렵고 힘든 동네 주민들과 어떻게 하면 잘살 수 있을까? 하는 고민은 영혼사랑 이상의 거룩한 부담이 되었다. 그래서 한 교회 담임목사를 넘어서 지역을 목회하는 목사가 되기로 결심하였다. 자연스럽게 한남제일교회가 지역교회로서 선교적 사명을 감당하려고 애쓰는 교회가 될 수밖에 없었다. 지역교회 목사는 단순히 교회에 부임한 것이 아니라 한남동, 이태원에 부임한 것이다. 지역을 목회하는 목사가 되는 것이다. 그리고 성도들이 원근 각처에서 교회로 오지만, 한남동을 복음으로 변화시키기 위해 파송 받은

---

2) 최준, "선교적 교회론의 지역교회 적용 : 한남제일교회 사례를 중심으로"(석사학위논문, 장로회신학대학교 대학원, 2015), 72. 여러 학자들이 주장하는 선교적 교회론의 특징들을 살펴볼 때에 공통적으로 발견되는 특징들이 있다. 첫째, 하나님의 선교에 참여하는 교회이다. 둘째, 교회의 선교적 본질을 회복하는 교회이다. 셋째, 하나님 나라를 구현하는 교회이다. 넷째, 평신도의 역할을 강조하는 교회이다. 다섯째, 지역사회에 대한 영향력을 회복하는 교회이다.

선교사라는 것을 강조한다. 이것이 실천적으로 나타나다 보니, 한남동에 주민자치위원회가 구성될 때에 초대 위원장을 담임목사가 맡게 되고, 한남 1동과 한남 2동을 통합하는 중요한 마을 현안을 결정할 때도 교회 목사의 의견을 중요시하였다.

담임목사가 지역사회에 대하여 연대의식과 책임을 가지고 교회뿐만 아니라 지역을 목회한다고 생각하고 목회의 지경을 넓혀야 한다. 지역사회에 대한 관심과 책임을 갖는다면 얼마든지 할 수 있다. 교회가 속한 지역을 좋은 마을로 만들어 갈 수 있다.[3] 그런 의미에서 "마을지기"가 되어야 한다. 내가 사는 지역사회에 책임을 느끼게 되고, 공동 현안과 문제에 자연스럽게 참여하는 것이다. 그리고 선한 영향력을 발휘한다.

---

3) 정재영, 조성돈,《더불어 사는 지역공동체 세우기》(서울: 예영커뮤니케이션, 2010), 37. 정재영, 조성돈은 교회가 지역단체에 포함되므로 교회가 지역공동체운동을 펼쳐야 한다고 주장한다. "지역공동체 운동은 주민, 행정기구, 지역 단체가 함께 하는 파트너십이 중요하다. 여기서 지역 단체의 역할은 공동체 운동 주체들의 파트너십 속에서 이 운동의 지속성을 견인하는 성실한 중개자이자 매개자이다. 이 지역 단체에는 지역 교회가 포함된다. 지역 교회 역시 지역 단체의 하나로서 교회가 가진 다양한 인적, 물적 자원을 동원하여 지역공동체 운동을 견인하는 역할을 감당할 수 있다."

마을지기가 되기 위해서 내가 사는 지역에 대한 이해의 폭을 넓히려고 노력해야 한다. 구청 소식이나 정부 시책까지 눈여겨 본다. 또한 동장을 비롯한 지역사회를 위해서 수고하는 기관들과 적절한 관계를 맺는다.

지역사회와 함께 하는 교회를 꿈꾸다

지난 2011년에 열린 제13회 소망신학포럼 공개 세미나에서 장로회신학대학교 한국일 교수는 한남제일교회를 지역사회와 함께 하는 모델 교회로 선정하여 소개하였다.[4] 한남제일교회는 용산구 한남동이라는 지역에 존재하는 교회로서 지역에 대한 관심과 사랑을 가지고 그리스도의 사랑을 실천하고자 노력하는 교회이다. 교회의 비전은 "지역사회를 복음으로 변화시키며, 선교하는 예수공동체"를 이루는 것이다. 한남제일교회는 지역교회로서 지역사회에 대한 관심으로부터 교회의 사역이 시작되는 교회이다. 도움을 주고 베푸는 시혜적인 입장보다는 우선적으로 지역사회와 함께 하는 노력, 친구가 되려는 노력을 교회가 더 많이 한다.

한국일은 "세상으로 파송된 공동체라는 것은 그들을 위해 무엇을 하기 이전에 그들과 함께 하는 관계가 선행되어야 한다"[5]고 말한다. 순더마이어는 선교를 "콘비벤츠"(Konvivenz)란 용어로 설명한다. 이 말은 "함께 한다"는 의미이다. 교회가 누구와 함께 한다(church with

---

[4] 한국일, "하나님 나라를 위한 성도의 은사 및 사역 개발" 제13회 소망 포럼 공개세미나 자료집(2011). 이 세미나는 주제 1: "하나님 나라 관점에서 바라본 한국교회 양육 시스템의 연구와 대안 제시", 주제 2: "하나님 나라를 위한 성도의 은사 및 사역 개발"을 가지고, 2011년 4월 18일(월) 장로회신학대학교 마펫관 대회의실에서 기독교 교육연구원, 세계선교연구원, 장신목회연구원 주관으로 열렸다. 이보다 앞서 2006년도 제5회 소망신학포럼에서도 한국일 교수는 "통전적 선교 관점에서 본 교회의 사회봉사와 책임에 관한 연구"에서 한남제일교회를 실천 현장사례로 다루었다.

others)는 것은 누구를 위하는 것(church for others)보다 우선된다는 점을 강조한다. 교회는 작은 자들을 위한 어떤 활동을 하기 전에 먼저 그들을 교회 안으로 초청하여 친구로서 함께 하면서 그리스도의 복음과 사랑을 전해야 할 것이다.[6]

지역교회가 지역사회에서 그 역할을 잘 감당하려면 관계 형성, 즉 접촉점을 갖는 것이 매우 중요하다. 그 방법으로 지역 봉사활동에 참여할 것을 제안한다. 교회가 봉사활동에 어떻게 참여할 것인가?

수년 전 서울시와 용산구에서 각 동마다 특화된 주민봉사활동을 한 가지씩 하라고 했다. 그 때에 한남동장이 "청소하여 깨끗한 마을 만들기"를 하겠다고 했다. 필자는 이때에 평소에 가지고 있던 아이디어가 있어서 단순히 청소만 하지 말고, 발전적인 생각을 제안하였다. "청소해서 깨끗한 마을, 깨끗해진 곳에 화단을 만들어 아름다운 마을, 청소의 부산물인 폐품을 팔아 얻은 수익으로 어려운 사람을 돕는 정다운 마을"을 만들자고 제안한 것이다. 그리고 이 봉사활동에 본 교회 성도뿐만 아니라 교동협의회 차원에서 연합하도록 하여 시행하였다. 동네 일에 아이디어를 보태고 협력하면 큰일을 할 수 있고 지역사회와 좋은 관계를 맺을 수 있다.

한 가지 더 예를 들자면, 해마다 실시하는 효도관광이 27년째를 맞이한 때였다. 효도관광은 지역 어르신들을 모시고 하는 행사이기 때문에 들어가는 경비나 정성이 만만치 않고 보람도 꽤 크다. 그런데 필자는 이 행사가 우리의 만족을 위한 것이 되어서는 안 된다는 생각을 하였다.

---

5) 한국일, "마을 만들기와 지역교회 역할: 선교적 교회 관점에서," 《마을만들기와 생명선교》, 호남신학대학교 2013년 학술발표회 논문 16집(서울: 한들출판사, 2013), 106.
6) 한국일, "교회의 선교론적 과제와 방향" 대한예수교장로회총회주제연구위원회 편, 《그리스도인, 작은 이들의 벗 · 제97회 총회 주제 해설》(서울: 한국장로교출판사, 2012), 59.

한남동 동장을 만났다. 이 효도관광이 그 취지를 벗어나지 않고 어떻게 하면 더 살기 좋은 마을을 만들기 위한 일이 될 수 있을까를 의논하고 싶었다. 간단한 논의를 하러 갔는데, 동직원들이 관심을 가지고 동참하니 동 차원의 사업을 구상하게 되었다. 그래서 이 사업을 동 전체 행사로 받고 여러 관련 기관이 참여하고 교회들도 합력해서 어르신들을 위한 잔치와 관광을 기획하고 선물도 소외되는 어르신이 없도록 하기로 하였다. 주민센터가 좋은 선교 파트너가 될 수 있다.

지역사회와 함께 하는 사역들

한남제일교회가 "지역사회와 함께 하는" 교회를 지향할 때 키워드는 '소통'이다. '좋은 친구' 한남제일교회가 되기를 원한다(요 15:15). 하나님 말씀대로 사는 좋은 친구(하나님과의 소통), 지역사회와 함께하는 좋은 친구(이웃과의 소통), 사랑의 공동체를 이루는 좋은 친구(자신과의 소통)이다. 지역사회와 '함께' 하는 일에 중요한 가치를 둔다. 어떻게 하면 교회가 지역사회와 함께 할 수 있을까? 순더마이어가 공동체적 축제, 상호 간의 배움과 나눔을 가능케 하는 콘비벤츠를 이야기 한 것처럼 교회가 지역사회의 축제와 배움, 소통의 장으로서의 역할을 감당해야 한다.

    1) 드림방과후교실(여성가족과 위탁 운영)
    2) 용산구 사랑나눔 푸드뱅크, 푸드마켓 돕기(후원회 회장)
    3) 다문화사역
      · 엘림미션센터
        먼저 '엘림미션센터'를 1998년 6월 7일에 교회 안에 개설하였다. 벧엘사회교육관을 필리핀 근로자를 위한 예배 처소로 제공하여 필리핀 근로자를 위한 커뮤니티 공간으로 활용하도록 하였다. 매주 주일 오전 9시에 주일예배를 드렸다. UCCP교단 소속의 마크 발렌시아 목사가 사역하였고, 김정귀 목사가 필리핀 근로자들을 위하여 이, 미용 봉사, 한글교실, 직업재활훈련, 근로자 상담과 심방, 의료검진안내, 본국 송금환 업무, 대사관 업무를 도와주었다. 지금은 용두동으로 옮겨서 사역하고 있다.

· 외국인 예배 처소

2013년 12월부터 에티오피아인들의 예배 처소를 본 교회에서 제공하였다. 메스핀 목사를 중심으로 십여 명이 모여서 예배드리고 이태원에서 전도활동을 하고 있다. 2014년 3월에는 바우만(Ledell Bowman) 목사가 담임하는 TWCC(The Way Christian Church)에서 다문화예배공동체를 위한 예배 처소를 제공하여 함께 공존하고 있다. 오 목사와 한남제일교회 성도들은 다문화가정사역과 다문화선교사역의 중요성을 인식하고 그들의 좋은 친구가 되기 위하여 애를 쓰고 있다.

· 다문화쉼터
· 꿈꾸는오케스트라

4) 지역복지사역

· 어르신들을 위한 사역
· 자매기관 크리스마스트리 설치
· 구립한남어린이집과 구립한남노인요양원 위탁운영 등등.

청소년교회 이야기

서울신학대학교 최동규 교수는 이러한 암울한 상황을 극복하기 위해서 미래세대를 위한 목회 패러다임의 전환을 주장한다.[7]

> 첫째로 교회학교에서 교회로의 전환이다.
> 둘째로 지식 위주의 교육에서 전인적 교육으로의 전환이다.
> 셋째로 수동적인 학습자에서 능동적인 참여자로의 전환이다.
> 넷째로 교회에 맡기는 교육에서 가정과 교회가 함께 하는 교육으로 전환이다.
> 다섯째로 구경하는 예배에서 체험하는 예배로 전환이다.
> 여섯째로 이벤트 위주에서 진정한 제자훈련으로 전환이다.
> 일곱째로 개인주의 신앙에서 공동체 형성으로 전환이다.
> 여덟째로 거쳐 가는 사역자에서 전문사역자로 전환이다.
> 아홉째로 획일성에서 다양성으로 전환이다.

이러한 최동규 교수의 다음세대를 위한 제안 내용은 다음세대의 부흥을 위해서 필수적인 내용들이다. 그렇다면 한남제일교회는 다음세대의 부흥을 위하여 어떠한 노력을 하고 있는가? 오창우 담임목사는 창의적인 목회 구상으로 유명하다. 한남제일교회에서 자라나는 어린이들이 다음세대의 리더가 되도록 한다! 그리고 지역사회를 이해하고 지역사회를 사랑하며 타인을 위하여 헌신할 수 있는 인물이 되도록 해야 한다!

저희 교회 교육관에 가보셨나요? 한남제일교회 교회학교는 도심 속의 쉼터와 같은 운치를 자랑한다. 벧엘교육관으로 올라가는 돌계단을

---

7) 최동규, "선교적 관점에서 본 한국의 미래세대를 위한 목회갱신," 〈선교신학〉 제38집(부천: 한국선교신학회, 2015), 371-86.

오르면 푸른 잔디밭과 3층 가정집 구조의 1층 아동부예배실과 2, 3층 중고등부예배실이 나온다. 강남, 한남대교, 순천향병원 일대가 한눈에 내다보이는 전망 좋은 곳에 위치하고 있다. 마당에는 각종 나무들이 우거져 있고, 잔디밭은 넓어서 야외파티를 할 수 있다. 옥상 베란다에서도 한강을 바라보면서 그릴 파티를 할 수 있는 좋은 위치에 자리하고 있다. 유치부도 가정집을 리모델링하여 사용하고 있다. 담쟁이가 빼곡히 붙은 담을 따라가다 보면 유치부실이 나온다. 예쁘게 꾸며진 유치부실에서는 꼬맹이들의 꿈이 아름답게 자라고 있다.

1) 청소년교회 시스템으로 전환(가족공동체 형성)

한남제일교회는 교회학교를 '청소년교회'로 부르기로 결정하였다. 이렇게 한 이유는 교회학교가 지나치게 학교 시스템이어서 부정적인 결과를 빚어내고 있기 때문이다. 그래서 각 교회학교 부서를 하나의 교회 시스템으로 운영하자는 뜻에서 유치부청소년교회, 아동부청소년교회, 중고등부청소년교회, 청년부청소년교회로 부른다. 청년부의 운영도 독립적인 활동을 지양하고 찬양대원이나 교회학교 교사로 봉사하도록 하였다. 그리고 청년부 중심의 청소년교회 활동이 이루어지도록 1월부터 2월까지 네 번에 걸쳐 오후 찬양예배 시간에 연합 찬양집회를 하였다. 유치부에서 청년부까지 모두 참석하였다. 그리고 매월 셋째 주 오전 10시에 통합예배로 드린다. 이 예배가 끝나면 미리 정해진 장소로 체험학습을 떠난다. 이름을 꿈꾸는 도시탐험이라고 하였다.

2015년 2월에는 국립중앙박물관, 3월에는 남산에 있는 안중근의사기념관, 4월에는 현대모터스튜디오, 5월에는 양재시민의 숲과 윤봉길의사기념관, 6월에는 한남동에 있는 블루스퀘어에서 열린 '한불수교 130년 기념 까스텔바작 전시회'에 다녀왔다. 7월에는 서울시청사 통통투어를 다녀왔다. 그리고 여름방학에는 방학특집 꿈꾸는 도시탐험 2박3일 전라도편으로 전남구례와 여수, 순천, 군산까지 다녀왔다.

청소년교회 안에는 7-8개의 가족이 존재한다. 청년교사를 중심으로 유치부부터 청년부까지 골고루 섞여서 가족을 이루도록 한 것이다. 이 모든 행사를 각 부서 교역자와 청년교사가 주관하고 진행한다. 이러한 활동의 결과 청소년교회 안에 친밀한 가족관계가 형성되어 교회 안에서 서로 만나면 반갑게 되었다. 그리고 청년들이 따로 떨어져 성경공부와 친교 위주의 활동을 했었던 것에 반해서 교회활동의 전면에 나서게 되었고 교회 리더로서의 훈련을 받게 되었다. 교회 전체적인 분위기로 활기차고 다음세대와 함께 하는 기회가 많아졌다.

2) 상호작용이 일어나는 말씀양육

오 목사는 총회 공과를 중심으로 말씀양육을 강조한다. 그래서 어려서부터 말씀 암송과 성경공부를 열심히 하여 말씀의 기초를 든든히 세워가도록 한다. 그리고 각 부서의 학생들과 교사들이 소그룹 형태로 반을 구성한다. 아동부의 경우에는 한 목장에 1학년부터 6학년까지 아이들이 섞여 있다. 한 가족으로 구성하여 공동체훈련을 시키는 것이다. 공과의 진행 방식을 소그룹 단위로 할 수 있도록 4W(Welcome 환영 - Worship 찬양 - Word 말씀 - Work 사역)로 하였다. 교회학교 교사가 일방적으로 가르치는 방식을 지양한다.

3) 봉사훈련 강조

또 하나의 특징은 교회학교에서도 봉사훈련을 하도록 한다. 그래서 나만 아는 이기적 성향의 아이들이 아니라, 다른 사람을 위해서 살아가는 이타적인 아이들이 되도록 교육한다. 구체적으로 봉사할 수 있는 방법을 가르치기 위해서 자원봉사학교를 진행하고, 복지시설에 직접 찾아가서 봉사할 수 있도록 하고 있다. 그리고 교회 주변 지역을 청소하는 봉사에 교회학교도 참여시킨다.

아동부에서는 2005년 8월에 처음으로 '아동부 자원봉사학교'를 열었다. 30여 명의 어린이가 참여한 이 행사를 통하여 자원봉사에 대해서 이해할 수 있는 소중한 시간을 가졌다. 행사기간 중에 효창동에 있는 '사랑의 집'을 방문하여 정성껏 준비한 비빔밥을 대접하였고 외롭게 사시는 할아버지, 할머니에게 특별공연도 보여드렸다.

중고등부도 아동부와 함께 자원봉사학교를 열었다. 1박 2일로 진행되는 자원봉사학교를 통하여 학생들은 이웃을 섬기는 법을 배우게 되었다. 또한 형식적인 봉사 점수가 아니라 실질적인 봉사활동을 통하여 땀을 흘리며 노력하여 봉사 점수를 획득하고 있다. 자원봉사학교를 하게 되면, 먼저 구청의 자원봉사센터와 협의를 하여 많은 협조를 받도록 한다. 그러면 자원봉사 이론강의, 종이접기, 퀼트공예, 방향제 만들기, 응급처치(용산소방서), 말마사지 등의 강사가 지원된다.

2016년 3월에는 봉사단체를 조직하고 비영리민간단체로 신고하였다. 그리고 보조금을 지급받아 20가정의 노거어르신들에게 매달 도시락을 만들어 배달하고 있다. 이뿐 아니라 노인요양원에 정기적으로 방문하여 식사도우미 활동을 하고 있고 동네 청소도 도맡아 실시하고 있다.

4) 가정과 교회가 함께 하는 봉사활동

한남제일교회는 반찬을 만들어서 지역의 어르신들을 섬기는 사역으로 유명하다. 이 일에도 부모님과 어린 아이들이 함께 참여할 수 있도록 하여 여러 교육적인 성과를 얻고 있다. 처음 시작은 "엄마, 어디가?

한꿈봉사단(구립한남요양원 봉사활동)

전도하러 가! 같이 가!"라고 하는 부모와 아이가 함께 하는 전도훈련 프로그램이었다. 전도훈련을 진행하다보니 각 가정마다 가지고 있는 고민들이 있었고, 아이들에 대한 교육적인 관심이 매우 높다는 것을 알게 되었다. 그래서 부모와 자녀가 함께 할 수 있는 '봉사'와 '체험'이라는 주제로 일련의 프로그램을 기획하게 되었다.

2014년 3월 15일(토) 오전 10시에 참가자들이 모였다. 7가정에 18명이 모였다. 어른과 아이들이 각각 전도 및 봉사훈련을 받았다. 그리고 '사랑의 도시락'을 직접 만들어서 지역의 어렵게 사시는 어르신 13가정에 도시락을 들고 배달하였다. 2014년 4월 26일(토)에 2차 사랑의 도시락 만들기를 하였다. 11가정 21명이 참석하였다. 오 목사가 지역봉사론 강의를 하였고, 1차 사랑의 도시락 나누기에 대한 성과 분석과 앞으로의 봉사에 대한 이야기를 나누었다. 이번에도 13분의 어르신들을 위해서 도시락을 준비하여 참가자들과 함께 배달하였다. 사랑의 도시락 만들기 봉사활동은 부모와 자녀가 함께 참여하여 행복한 가정을 만드는 데에 크게 기여했을 뿐만 아니라, 외롭고 힘든 삶을 사시는 어르신들에게도 손주 같은 아이들이 직접 만든 도시락을 전해드려서 더 큰 마음의 위로를 받으셨으리라 생각된다.

한꿈봉사단(사랑의 도시락 만들기)

2014년 4월 5일(토)에는 1차 사랑의 도시락 만들기에 참여하였던 가정을 중심으로 친구가정을 초청하여 일산호수공원과 딸기농원(버섯농원)에 다녀왔다. 교회에서 체험학습의 기회를 제공하면 여러 가지로 좋은 효과를 낼 수 있다. 교역자들은 각 가정을 섬길 수 있는 기회가 되고, 부모들은 아이들과 함께 적은 비용으로 좋은 체험을 할 수 있고, 교통편도 해결이 된다.

5) 체험을 강조하는 교육

오 목사는 이러한 '체험'을 강조한다. 2014년 연초에 아동부와 중고등부가 전라도 지방을 체험하는 기회를 갖도록 하였다. 중고등부는 동계수련회를 1월 20일(월)부터 22(수)까지 전남 구례 상사마을에서 했다. 상사마을은 KBS 1박 2일에서도 방영된 곳으로 마을 전체가 한옥으로 지어졌으며, 지리산에 둘러싸인 아름답고 깨끗한 마을이다. 숙소는 마을회관에 위치한 한옥으로 정하고, 마을체험과 성경공부와 기도회의 시간을 가졌다. 여수 남해바다를 바라보며 손양원 목사 기념관을 방문하였고, 전주 국립박물관과 한옥마을체험을 하였다.

아동부도 비슷한 코스로 봄성경학교를 진행하였다. 구례 상사마을에서 1박을 하면서 조상 대대로 물려온 쌍산재를 실제 거주하고 있는 후손에게 소개 받았고, 방패연과 가오리연을 만들어 날리는 체험도 하였다. 전주에서는 전주박물관에서 전북지역의 문화유산을 살펴보았고, 한옥마을을 방문하여 정겨움과 한지에 깃든 조상들의 지혜를 엿볼 수 있었다. 부안 격포 채석강에서는 주상절리가 발달한 해안을 따라서 걸었고, 군산과 부안을 연결하는 세계 최장의 새만금방조제 33km를 건너 군산은광교회에서 1박을 하였다. 대전에 위치한 국립중앙과학관에서는 아이들이 과학체험을 할 수 있도록 하였다.

세월호 참사로 인하여 교회학교 여름성경학교가 위축될 것으로 예상되었다. 오 목사는 이러한 상황에서 교회학교가 할 수 있는 선택이 무엇일지를 고민하였다. 그 결과 교회에서 아이들의 방학숙제와 성경공부를 한 번에 해결하는 '체험' 여름성경학교를 계획하였다. 이렇게 체험 위주의 여름성경학교가 가능했던 이유는 그동안 한남제일교회 교회학교에서 봉사훈련과 아울러 각종 체험 프로그램을 진행하였기 때문이다. 2014년 7월 30일부터 8월 22일까지 매주 수요일과 금요일에는 오전에 성경공부와 독서교실을 열고, 점심식사를 한 후 부천한국만화박물관, 국립서울과학관, 공군사관학교, 가평물썰매장, 어린이대공원, 세계성막복음센터 그리고 양화진순교성지 등을 다니면서 많은 체험을 하였다. 그리고 토요일에는 4주간 악기레슨을 실시하였다. 바이올린, 첼로, 플루트, 클라리넷을 배우고, 9월 중에는 연주회를 가졌다.

한남제일교회는 또한 동네 오케스트라를 운영하고 있다. 십여 년 전에 바이올린 교실을 유치부에서 시작하였다. 그 아이들이 지금은 고등학생이 되었다. 이 바이올린 교실을 동네에 개방하였다. 그래서 전액 무료로 동네 아이들과 함께 했다. 그리고 담임목사님 사모님께서 현대백화점 문화센터에서 플루트를 배우셔서 동네 주부들과 함께 플루트교실을 8년 전부터 하였다. 십여 명의 회원이 있다. 그리고 '뮤직홈' 이라는 음악회사와 함께 2012년부터 동네 오케스트라 만들기 프로젝트를 했다. 그 결과 어설프지만 오케스트라가 만들어졌다. 2013년도에 1회 연주회를 가졌고, 작년에 2회 정기연주회, 그리고 2015년 9월 5일 토요일에는 용산구청 아트홀에서 제1회 용산구 푸드뱅크 사랑나눔 오케스트라 페스티벌을 개최하였다. 이 오케스트라에 현재 60명의 단원이 있다.

이러한 활동을 하는 이유가 있다. 그것은 지역교회가 존재하는 이유와도 같다. 그리스도의 복음뿐만 아니라 지역사회 필요를 채워주고, 지역사회 현안 문제를 함께 해결하는 것이다. 아이들과 체험 학습하고 봉사 활동하고 교회 안에서 공동체를 형성하는 것은 아이들에게 매우 중요한 일이다. 맞벌이 부모들의 돌봄을 받지 못하는 상황. 그리고 이 지역에는 학원이 없다. 교육적으로 열악한 상황을 교회가 함께 고민하는 것이다. 오 목사는 그런 목회를 하는 것이다. 그러다 보니 지금은 발

꿈꾸는 도시 탐험— 카스텔바작 전시회

전적으로 서울시에서 하는 마을공동체사업에도 참여하고 있다.

교회학교, 다음세대 부흥. 참으로 힘들고 무거운 말들이다. 그러나 하나님께서는 그 시대마다 부흥의 역사를 이루어가셨다. 이 시대에는 참여하고 소통하고 교회가 더욱 지역성을 강조하면서 아이들을 키워나가야 한다. 그래서 우리가 하나님 앞에 설 때에 많은 열매로 하나님께 영광 돌리기를 원한다. 한 영혼 한 영혼에 관심을 가지고 열심히 사역한다면 하나님께서 큰 부흥의 역사를 이루실 줄로 믿는다.

마을공동체 만들기와 지역교회의 역할

선교는 지역교회가 속한 그 지역에서 출발해야 한다. 한국일은 "선교는 더 이상 지리적, 공간적 차원을 기준으로 설명하지 않고, 이 세상 전체가 선교 현장이며 교회는 자신이 속한 지역사회를 선교 현장으로 인식하고 접근한다"[8]고 하였다. 정재영은 "이제 한국교회는 지역에서부터 다시 출발해야 한다. 지역에 대한 관심을 갖고, 지역에 대한 공적인 역할을 수행해야 한다. 그것은 지역 주민들에게 호감을 사기 위해서가 아니라, "하나님을 사랑하고 이웃을 사랑하라"는 하나님의 뜻을 실천하기 위함이다"[9]라고 하였다.

어떻게 하면 구체적으로 지역사회를 선교 현장으로 삼을 수 있을까? 요즘 우리나라는 정부에서 하는 일에 주민들이 참여하는 형태의 일들이 많이 있다. 주민들 스스로가 문제의 해결자가 되어서 지역 지킴이로서의 역할을 해보라는 것이다. 그리고 정부와 자치구는 그 일들을 돕

---

8) 한국일, "마을 만들기와 지역교회 역할: 선교적 교회 관점에서," 《마을만들기와 생명선교》, 104.
9) 정재영, "생명 공동체를 추구하는 마을 만들기," 《마을만들기와 생명선교》, 88.

는 역할을 한다. 주민들의 참여에는 사회 문제와 지역의 현안 문제를 해결하고 개선하기 위한 주민들의 노력으로 나타나는 마을 공동체성 회복을 위한 활동들이 포함된다. 지나치게 경쟁적이고 척박한 인간관계, 자기밖에 모르는 개인주의적인 성향과 돈만 많으면 된다는 식의 황금만능주의 등이 정겹고 인간다운 삶을 영위할 수 있는 환경을 파괴하였기에 이런 병폐를 극복해 보자는 것이다.

이원돈은 "모든 치유는 공동체로부터 오는 것이고 오늘 이 모든 문제는 참다운 공동체가 파괴되었기 때문에 일어나는 현상인 것이다. 다시 말해 문제의 핵심을 보는 사람은 마을과 공동체 교회가 힐링 캠프라고 진단하는 것이다."10) 지역마다 공동체성이 회복되면 사회적인 갈등과 문제들을 해결해 나갈 수 있다. 김영진은 "오늘 기독교가 먼저 해야 할 일이 있다면 하나님의 창조질서를 회복하는 일이고, 사람이 살만하고 영성이 어우러지는 그런 마을을 만드는 일이다"11)라고 하였다.

교회는 지역에서 하나님 나라 운동을 해야 한다. 그 일에는 반드시 지역교회가 속한 지역사회를 선교 현장으로 삼아 지역에서 일하고 땀 흘리는 노력이 있어야 한다. 교회가 지역사회의 공동체성을 회복시키는 데 중심 역할을 감당해야 한다. 박원순으로 대변되는 공동체성 회복, 마을살리기운동에는 교회가 추구해야 할 목표와 가치가 들어 있다.12) 안타깝게도 교회가 한 박자 늦은 느낌이 든다. 그러나 지금이라도 관심을 가지고 지역교회가 어떻게 이 일을 선교적으로 감당할 수 있을지 살펴보아야 한다.

김혜령은 마을공동체만들기에서 한국교회가 소외되었다고 한다.

---

10) 이원돈, "한국교회 생태계에서 생명 마을 만들기와 생명망 목회,"《마을만들기와 생명선교》, 46.
11) 김영진, "마을을 두드리다,"《마을만들기와 생명선교》, 14.
12) 위의 책, 96-97.

이원돈 목사가 시무하는 부천 약대동의 새롬교회처럼 마을공동체운동에 참여하는 교회가 적다는 것이다. 1990년대 초반까지만 해도 최소한 지역사회의 문화적 중심 역할만은 제대로 해온 한국교회에게 도대체 무슨 일이 생긴 것일까? 그는 현재 한국 시민사회에서 펼쳐지고 있는 마을공동체운동에서 교회가 소외되고 있다고 지적한다.[13]

우리는 지역교회가 제대로 역할을 감당하기 위해서는 넘어야 할 장애요소들이 있다. 앞에서 언급한 것처럼 지역사회를 책임져야 할 지역교회는 중소형교회일 수밖에 없는 현실이다. 그리고 잘못된 신학에서 오는 편견과 몰이해로 인해서 지역사회에 대한 관심을 터부시해왔던 것이다. 이러한 장애요소를 잘 극복하면 지역사회에서 지역교회가 공동체성 회복을 위하여 여러 가지 일에 참여할 수 있다.

김혜령은 "이웃과의 생활관계 회복을 통해 일상적 삶의 의미와 행복을 발견하게 하는 마을공동체운동은 노동과 소비에 의해 소외된 인간성을 회복한다는 면에서 기독교 윤리적으로 매우 가치 있는 일이다"[14]

---

13) 김혜령, "마을공동체운동과 마을교회," 〈기독교사회윤리〉 제27집(성남: 도서출판 선학사, 2013), 224-28. 김혜령은 한국교회가 마을공동체운동에서 소외된 이유를 네 가지로 언급한다. 첫째, 이러한 소외 현상은 한국교계의 주류가 대형교회들에 의해 선도되면서 일어난 탈지역화된 상황… 대형 교회들은 마을 단위의 작은 지역사회의 특성을 무화시키는 역할을 수행한다. 두 번째 원인은 첫 번째 원인과 짝을 이루어 발생한다. 탈지역화를 통해 엄청난 교세를 확장하는 대형교회들과 달리, 무수히 많은 작은 교회들 혹은 미자립 교회들은 교회가 자리 잡은 지역에 제대로 뿌리를 내리지 못하는 비지역화 현상을 겪는다. 셋째, 마을공동체운동에서 소외되는 또 다른 원인은 한국교회의 복음선포에서 보편적으로 강하게 나타나는 "저 세상적 종말론"과 "미래적 종말론"에 대한 강조와 상관 있다. … 결국 이러한 복음은 "이 세상에 대한 기대를 끊고 사람들의 시선을 저 세상으로" 돌리게 되는데, 이러한 복음에 익숙해진 기독교인들은 '이 세상'에서의 일상적이고 소소한 삶의 문제들을 무관심하게 된다. 넷째, 자유와 평등을 지향하는 '휴머니즘'의 가치에 대한 제대로 된 평가 없이 무조건적으로 죄악시하는 많은 한국교회들의 반세속주의 역시 마을공동체운동에서 한국교회의 입지를 좁히는 원인이 되고 있다.

라고 평가한다. 그는 한국교회가 "마을교회"로 부활할 수 있는 가능성을 마을공동체운동에서 발견하고 있다. 우리가 마을공동체운동에 관심을 갖는 이유가 바로 여기에 있다. 한편 우려의 목소리로 "마을교회는 마을공동체운동이 벌이는 일상적 실천들의 적극적 참여자가 되는 일에 함몰되지 말고, 끝까지 그것과 구분되는 거룩함의 공간과 시간을 제공하는 일에 정성을 다해야 한다"[15]고 말한다. 그러면서도 마을공동체가 함께 만드는 풍요로운 삶 속에서 마을교회는 풍요를 만드는 일에 동참할 뿐만 아니라, 그 풍요의 의미와 가치를 다시금 묻게 하는 빈자리, 낮은 곳이 되어야 함을 당부하고 있다.[16] 정재영은 지역공동체운동의 확산을 위해서 시행착오를 겪더라도 관심을 가지고 참여할 것을 권한다.[17] "지역공동체운동은 단기간에 성과를 낼 수 있는 일이 아니다. 특히 교회가 이 일에 참여한 경험이 많지 않기 때문에 많은 시행착오를 거칠 수도 있다. 그러나 지역공동체운동은 기존의 사회봉사, 사회복지의 차원을 넘어 교회가 실제로 지역사회에 뿌리를 내리고 지역을 공동체화 하기 위해 참여하는 활동이므로 향후 십여 년간 가장 관심을 갖고 총력을 기울여야 할 과제이다."

지역공동체운동은 분명 차원이 높은 운동이다. 뒤에서 살펴보겠지만 이 운동을 기획하고 추진하는 주체들은 그 목적이야 다르겠지만 주

---

14) 위의 책, 229.
15) 위의 책, 232.
16) 위의 책, 233.
17) 정재영, "생명 공동체를 추구하는 마을 만들기," 87. "지역공동체운동은 단기간에 성과를 낼 수 있는 일이 아니다. 특히 교회가 이 일에 참여한 경험이 많지 않기 때문에 많은 시행착오를 거칠 수도 있다. 그러나 지역공동체운동은 기존의 사회봉사, 사회복지의 차원을 넘어 교회가 실제로 지역사회에 뿌리를 내리고 지역을 공동체화 하기 위해 참여하는 활동이므로 향후 십여 년간 가장 관심을 갖고 총력을 기울여야 할 과제이다."

도면밀하고 발전가능성을 제고하고 있다. 그러므로 이 운동을 이해하면 현재의 우리 지역사회가 어떻게 흘러가고 있는지를 알 수 있다.

a. 마을공동체만들기 - 서울시를 중심으로

김성균은 서울시 마을만들기 과정을 약 3년에 걸쳐 설명하고 있다.[18] 그는 서울시 마을만들기 사회화 과정의 시작을 2009년으로 보고 있다.[19] 박원순은 마을에서 현대사회가 안고 있는 주거, 보육, 복지, 교육 등의 문제점을 자생적으로 해결할 수 있는 능력이 있다는 것을 발견하였다. 그리고 이러한 논의를 바탕으로 선거 공약을 작성하였다. 그는 마을공동체 생태계[20] 구축을 목표로 하였고, 풀뿌리 마을조직의 네트워크를 형성하는 것이었다. 박원순 시장은 2011년 10월 26일 서울시장 재보궐 선거에 출마하면서 그의 마을만들기 프로젝트가 꿈틀거리기 시작

---

18) 김성균, "마을만들기 네트워크 전개과정과 그 의미: 서울시를 중심으로," 《마을만들기 네트워크 - 사이 넘어, 결핍은 네트워크로 메운다》(안양: 국토연구원, 2014), 252.
19) 위의 책, 238-39. 다음의 글을 보면, 박원순 현 서울시장이 서울의 미션으로 마을공동체를 시작한 배경을 살펴볼 수 있다. "박원순은 시민단체 활동을 하면서 2009년 4월 박원순 희망찾기 시리즈 첫 호 《마을에서 희망을 만나다》를 발간한 바 있다. 이 저서는 2006년 4월부터 약 3년간 지역탐사를 통해 소외된 곳에 활력을 불어넣어 변화를 이끈 사람들을 만나서 인터뷰하고 기록한 저서다. 이 저서는 경험과 사례를 통해서 마을공동체의 가치를 어떻게 발굴하고 찾아야 하는지를 보여주고 있다. 그리고 이듬해 2010년 6월 박원순 희망찾기 시리즈 2호인 《마을이 학교다》를 발간한다."
20) 하경환, "마을을 지속 가능케 하라! '관계의 연결' : 서울시 마을공동체만들기에서의 네트워크 과정," 《마을만들기 네트워크 - 사이 넘어, 결핍은 네트워크로 메운다》 (안양: 국토연구원, 2014), 238-39. 마을공동체 생태계라는 말이 어색하겠지만, 하경환은 '네트워크'를 잘 표현할 수 있는 말이 '생태계'라고 설명한다. "마을이라는 것도 인간이 생존을 위해 자연스럽게 상호의존하기 위해 모여 사는 것이기에 마을의 생태계라는 것은 마을의 운영원리를 잘 표현하는 말이기도 하다."

한다. 그는 출마 당시 핵심 공약 7개와 '서울을 바꾸는 희망셈법'이라는 슬로건을 내세웠는데, 그 핵심 공약과 전략의 종합목표는 "마을공동체 생태계 만들기"였다. 서울시의 "마을공동체 생태계 만들기"는 마을공동체를 비롯한 시민소통, 사회적 경제, 주거재생 등 소통 그리고 커뮤니티를 기반으로 한 환경을 만들어가려는 것이었다.[21]

하경환은 마을을 만드는 핵심 전략으로 네트워크를 강조한다. 서울시는 2012년 '등장', 2013년 '연결', 2014년 '성장'이라는 마을공동체 만들기의 화두를 걸고 사업을 진행하[22]였다. 네트워크가 마을공동체만들기의 중요한 전략으로 마을과 한 몸일 수밖에 없는 이유는 다음의 세 가지이다.

첫째, 객체화된 개인을 이웃 사이의 협업관계로 나오게 하는 '주민등장'의 핵심적인 매개체이다. 둘째, 등장한 주민이 지속적인 활동을 할 수 있게 하는 주민 주도적 전략의 핵심이다. 셋째, 주민이 마을을 형성하는 주요 방법론이다.[23] 마을공동체 생태계 조성에서 핵심은 주민 한 사람 한 사람이 마을의 의제를 가지고 모여 그 일을 매개로 협업하고 그 마을 의제가 발전하여 주민이 중심이 되는 특색 있는 마을을 형성하는 것이다.

2011년 10월 서울시장 보궐선거 당선 이후 공약으로 제시되었던 마을공동체 공약은 성미산 마을을 비롯한 노원, 도봉, 동작 등의 풀뿌리 마을조직을 중심으로 마을공동체운동에 대해서 논의가 시작되었다.[24] 2012년 5월 17일에는 주민이 주도하는 마을공동체 사업추진을 지원하

---

21) 김성균, "마을만들기 네트워크 전개과정과 그 의미: 서울시를 중심으로," 239.
22) 하경환, "마을을 지속 가능케 하라! '관계의 연결': 서울시 마을공동체만들기에서의 네트워크 과정," 260.
23) 위의 책, 259-60.
24) 김성균, "마을만들기 네트워크 전개과정과 그 의미: 서울시를 중심으로," 241.

기 위하여 '서울특별시 마을공동체만들기 지원 등에 관한 조례'에 근거한 지원사업 추진절차를 마련하였다. 표준 절차를 만들면서 정한 추진 방향은 첫째, 다수의 시민이 참여할 수 있는 방안을 찾는 것이며, 둘째, 마을공동체 회복 취지에 맞는 프로세스를 마련하는 것이고, 마지막으로, 마을공동체 발전단계별 맞춤형 지원 절차를 마련하는 것이다.[25] 이로써 마을공동체는 정책화 과정을 완료했다고 볼 수 있을 것이다.

박원순의 마을공동체운동은 철저한 준비와 그 진행과정에 대한 세밀한 도식을 가지고 시작되었다. 그리고 그 프로세스에 맞추어 서울시 각 지자체에는 마을넷이라는 풀뿌리 마을조직 네트워크가 형성되어 협동도시 서울로 발전시켜 나가고 있다. 그런데 이 마을넷의 자원들이 어떤 성향인지를 살펴보아야 한다. 김성균은 "서울시의 마을공동체 사업은 보궐선거 출마 당시 제시된 공약과 1987년 '민주화의 봄' 이후 사회운동이 다양하게 등장하면서 나타난 마을공동체 운동과 그 풀뿌리 운동 세력의 집합적 자원 동원과 민관협력 시스템에 기반한 중간 지원조직의 체계로 정책적 기반을 마련하였다고 볼 수 있다"[26]고 말한다. 그는 2011년 11월 26일 마포구청에서 22개구 60여 개와 풀뿌리 단체 활동가 100여 명이 참석한 서울지역 풀뿌리 단체 '1차 집담회'에 참여한 단체의 명단을 기록하였다. 그 단체 가운데에는 푸른시민연대, 나눔연대, 광진주민연대, 광진시민연대, 광진참여네트워크, 강서양천환경운동연합, 마을만들기전국네트워크, 열린사회시민연합, 좋은정치노원씨앗모임, 생활정치연구소, 관악주민연대, 강서양촌교육차지시민화, 양천시민넷, 풀뿌리자치연구소 등의 정치 성향이 강한 단체들이 다수 포함되어 있다.[27]

2012년 5월 2일에 서울특별시장이 제출한 안건으로 '서울특별시

---

25) 위의 책, 251.
26) 위의 책, 244.
27) 위의 책, 244.

마을공동체종합지원센터 민간위탁 동의안'이 상정되었고, 서울시의회에서 원안 그래도 가결되었다. 그리고 2012년 6월부터 서울특별시 마을공동체종합지원센터가 민간에 위탁되어 구 국립보건원(은평구 녹번동 5번지) 자리에 센터가 설립되었다.[28] 이때부터 서울시의 모든 마을공동체사업은 이 센터에서 주관하게 되었다.

서울시마을공동체종합지원센터가 주도하는 네트워크 구축과정은 어떻게 진행되는가? 첫째는 네트워크의 마중물로서의 공모사업을 배치하고 활용하는 것이다. 공모사업의 진행 절차 내에서 자발적 네트워크가 만들어질 수 있도록 개인과 개인 간 연결을 만들어내는 것이다. 이 공모사업의 진행 절차 안에는 마을상담, 주민참여 심사, 현장조사, 컨설팅, 공모사업별 행사가 있다. 마을상담의 주요 내용은 '마을공동체가 무엇인가?', '내가 하는 일(하고 싶은 일)이 마을공동체 활동인가?', '마을공동체 사업의 사례는 무엇이 있는가?', '마을공동체 사업을 하려면 어떻게 해야 하는가?'에 대한 것이다. 주민참여 심사는 심사과정에 사업에 공모한 사람들이 함께 모여서 각자의 사업 발표내용을 듣고 상호자원을 교환하면서 투표에 참여하는 방식이다. 이것은 비슷한 관심을 가진 사람들이 정보를 교환하며 서로 도울 수 있는 네트워크가 구축되도록 하는 것이다. 공모사업별로도 모이는 행사를 통해서 사례 공유를 하고 평가를 진행한다.

둘째는 지역 중심의 네트워크를 구축하는 것이다. 그 방법은 자치구 마을넷을 활용하는 것이다. 이 마을넷은 촉진자, 공론의 장, 마을을 대표하는 조직으로서의 기능을 수행한다. 자치구 네트워크 형성을 위하여 자치구 마을사업지기 간담회, 광역 단위로 마을넷 연석회의 등을 진행하고 있다. 셋째는, 광역 단위 활동 주제별 네트워크를 형성하는 것이다. 가령

---

28) 김성균, "마을만들기 네트워크 전개과정과 그 의미: 서울시를 중심으로," 248-49.

서울시 공모사업 중 '마을예술창작소'와 '마을기업'이 있는데, 이 사업을 하는 사업지기들 서로 네트워크를 형성하여 활동하게 하는 것이다. 이런 방식으로 네트워크를 확장해 나가면, 마을미디어네트워크, 마을기업네트워크, 마을돌봄네트워크, 마을예술창작소네트워크 등의 주제별 네트워크가 생기게 되고 이러한 네트워크를 통해서 지역에서는 활동 주제에 대한 정보, 인적·물적 자원을 서로 나눌 수 있게 된다.[29]

서울시마을공동체사업은 꾸준히 추진되고 있다. 2014년도의 《서울시 마을공동체 지원사업 성과연구보고서》[30]를 보면, 마을공동체사업은 성공적으로 확장되고 있음을 알 수 있다. 핵심사업인 공모사업에서 주민모임으로 접수한 비율은 2012년 43.6%에서 2014년 85.5%로 큰 폭으로 비율이 높아졌[31]는데 주민모임이 그만큼 성장했다는 것을 말한다. 마을지원사업은 선정된 사업에 대한 집행 권한을 주민에게 확대하는 것뿐만 아니라 사업 자체를 결정하는 심사 과정에서도 주민 결정권을 확대해왔다. 2014년 총 접수 1,810건 중에서 우리마을프로젝트 309건, 부모커뮤니티 355건, 주민제안사업 192건, 이웃만들기 314건 등 총 1,170건이 제안자 참여심사를 통해 선정 여부가 결정되었다.[32]

2012년부터 시작된 서울시 마을지원 사업은 마을공동체를 형성하는데 있어 가장 중요한 주체를 주민으로 인식하고 지난 3년 간 주민의 등장, 주민 간 연결, 마을활동을 통한 주민과 마을활동의 성장을 위한 전폭적인 지원을 하였다. 그 결과 마을지원사업을 통해 약 58,800명의

---

29) 하경환, "마을을 지속 가능케 하라! '관계의 연결' : 서울시 마을공동체만들기에서의 네트워크 과정," 266-74.
30) 서울시마을공동체종합지원센터 편, 《서울시 마을공동체 지원사업 성과연구보고서, 마을, 3년의 변화 그리고》(서울: 서울시마을공동체종합지원센터, 2015).
31) 위의 책, 24-25.
32) 위의 책, 28-29.

주민이 등장하는 성과가 나타났을 뿐 아니라 지역의 다양한 마을활동들이 이루어지면서 많은 주민들은 일상 속에서 마을활동을 경험할 수 있는 기회를 가질 수 있었다. 또한, 기존의 시민단체나 봉사단체, 풀뿌리단체의 경우 마을활동에 관심을 갖고 있는 주민과 직접적인 만남과 주민 모임과의 연계가 이루어지면서 지역의 주민과 접촉점을 확대하는 성과가 나타났다.[33] 서울시의 경우 박원순 시장의 공약대로 마을공동체사업은 순탄하게 진행되고 있다. 이렇게 사업이 잘 진행되는 이유는 사전에 철저한 준비가 있었고, 주민조직을 활성화시키는 네트워크의 힘이 있었기 때문이다.

b. 서울시 마을공동체사업의 실제

그러면 서울시에서 시행하고 있는 마을사업에 참여하려면 어떻게 하면 될까? 서울시와 각 자치구에서는 마을공동체사업에 주민들이 참여할 수 있도록 많은 안내서와 성과를 수록한 자료집들을 내놓고 있다.[34] 그리고 서울시마을공동체종합지원센터 홈페이지[35]에서 마을사업

---

33) 위의 책, 116.
34) 서울시마을공동체종합지원센터에서 연구논문을 공모하여 나온 《사소하지만 결코 사소하지 않은 마을살이 작은연구》(2014), 서울시 전역에서 진행되고 있는 마을공동체 사례를 수록한 자료집 《마을공동체 심층 사례집, 우리 마을 돌아보기》(2014), 《마을에서 만나다》(2014), 《마을에 머물다》(2014), 《2014 사진으로 보는 우리 마을 프로젝트》(2015)와 마을공동체 사업을 주제별로 정리하여 안내하는 《꼬리에 꼬리를 무는 마을공동체 주제별 길라잡이》(2014), 주민들의 모임을 진행할 수 있는 노하우를 수록한 《해보자 마을모임기법》(2014)가 있다. 그리고 서울특별시에서 펴낸 《서울, 마을을 품다》(2012), 박재동, 김이준수 저, 《마을을 상상하는 20가지 방법》(2015)와 모범사례를 수록한 《서울 마을 이야기》(2015) 그리고 서울시마을공동체사업의 사업계획서작성과 보조금사용에 대한 설명을 자세히 수록한 《누구나 할 수 있는 서울시마을공동체사업설명서》(2015)가 있다. 이밖에도 마을미디어 가이드북

에 대한 다양한 정보를 얻을 수 있다. 이 사이트를 자주 모니터링하는 것도 마을공동체사업을 잘 이해하는 방법이다. 각 자치구들도 자치 홈페이지 안에 마을공동체에 대한 정보를 제공하는 사이트가 있다. 마을공동체에 대한 책들의 내용을 살펴보면, 마을공동체의 주제들을 정리할 수 있다. 마을공동체미디어, 공동육아, 커뮤니티 공간, 골목축제, 놀이, 마을경제 등이다.[36]

마을공동체미디어는 마을에 거주하는 주민들이 마을미디어교육이나 미디어 제작, 캠페인 등 미디어를 매개로 하는 활동을 경험하면서 마을미디어 활동 주체로 성장하여 만들어낸 마을라디오, 마을TV, 마을신문 등의 매체를 일컫는 말이다. 서울에 거주하거나 생활권역이 서울인 3인 이상 주민모임 및 단체가 사업을 신청할 수 있고, 시민들의 다양한 미디어 매체 이해력 향상을 위한 마을미디어문화교실을 운영하거나 마을주민의 자발적인 참여 유도를 통한 마을미디어 공방활동을 지원한다. 사업비 지원은 문화교실 프로그램에 대해서 프로그램 당 600만 원, 마을미디어 공방활동지원에는 1개소당 500만 원에서 2,000만 원까지 지원한다.

공동육아는 주민들이 자율적으로 육아문제를 해결하도록 '공동육아모임'을 지원하고, 영유아의 건강한 성장과 육아를 중심으로 한 마을공동체 활성화에 기여하도록 하는 것이다. 사업대상은 앞과 동일하며, 가족, 보육시설, 지역사회를 연계하는 사회적 돌봄을 실현하고, 부모품

으로 《떠나자! 서울마을미디어여행》(서울특별시 마을미디어지원센터, 2014)와 종로마을공동체 소식지 《다정한 이웃, 행복한 종로 종로마을친구들》(2014) 등의 각 자치구에서 나온 자료들이 있다.
35) 서울시마을공동체종합지원센터 홈페이지 http://www.seoulmaeul.org/
36) 서울시마을공동체종합지원센터, 《꼬리에 꼬리를 무는 마을공동체 주제별 길라잡이》(2014)에 수록된 내용을 정리하였음.

앗이, 긴급 또는 일시적 돌봄, 부모교육, 종합적인 육아컨설팅, 방과 후 프로그램 등을 지원한다. 보조금은 300만 원에서 최대 4,000만 원이 지원된다.

커뮤니티 공간사업은 마을공동체사업에서 매우 중요한 사업이다. 마을공동체사업에서 공간의 의미는 주민에 의한 공간, 협동의 공간, 소통과 의미 확산의 공간, 주민이 주인공인 공간을 말한다. 공간지원사업에는 주민제안사업과 예술창작소, 공동육아에 대한 공간사업이 있다. 주민제안 유형에는 카페와 주민모임이 결합되거나, 북카페와 주민모임 또는 공방 등이 결합된 형태로 신청가능하다. 그리고 예술창작소는 주민들이 스스로 만들어 가는 생활형 문화예술 창작활동을 지원하는 공간이다. 마을예술을 위한 연습실, 제작공방, 카페, 사랑방, 발표장, 거리축제 등을 포함하는 사업을 진행할 수 있다. 공동육아를 위한 공간사업은 품앗이 육아, 육아용품, 장난감 나눔터 운영, 발달 · 체험프로그램 재능기부 운영, 육아 상담 · 교육, 기관 연계 돌봄사업, 기타 육아공동체 활동을 할 수 있다. 이러한 공간사업에는 사업규모에 따라 5,000만 원까지 지원된다.

골목축제는 '연남동 마을시장 따뜻한 남쪽' 이 대표적인 예이다. 주민들의 제안으로 동네에서 마을축제를 진행할 수 있도록 지원한다. 녹색장터나 골목길 축제 등을 기획하여 진행할 수 있다. 녹색장터는 100만 원 이내에서 보조금이 지원되고, 마을축제에 대해서는 300만 원에서 1,000만 원 내외로 지원한다.

마을공동체 놀이는 동네에서 아이들을 돌보는 엄마들의 참여로 품앗이처럼 진행된 사업이 발단이 되어 시작된 사업이다. 정기적인 산행, 부모 정기 책모임, 가족캠프, 체험학습, 식탁나누기, 마을학교 등이 주요 활동 내용이다. 이러한 활동은 부모커뮤니티나 다른 활동과 병행하는 형태로 진행되고 있다.

마을경제활동은 우리 동네에 꼭 있었으면 하는 공동의 필요들을 위해 스스로의 참여를 기반으로 만들어가는 마을공동체 활동이다. 사회적 경제는 이윤보다는 구성원이나 지역사회 이익을 위한 활동을 목표로 하며, 자본보다는 인간과 노동을 먼저 고려한 소득배분을 원리로 하며, 민주적으로 운영되며, 살림살이를 기반으로 하고, 나눔의 원리로 움직이는 경제로 사회 재분배와 지역 환원이 주된 경제활동이다. 이 사업은 서울시, 안전행정부, 마을공동체에서 각각 사업을 공모하여 시행하고 있다. 서울시 마을기업 진행 절차는 마을공동체 활동을 하면서 특정한 문제를 해결하려는 내용을 가지고 서울시 사회적 경제 홈페이지에 스토리를 등록한다. 그러면 자치구의 인큐베이터가 찾아가 상담 후 마을기업으로 이어질 수 있도록 안내한다. 그리고 필수교육을 통해서 마을기업을 할 수 있는 기본교육과 정책에 대해서 이해를 시킨다. 필수교육 후에 조사와 의제 발굴 과정을 통하여 지역에서 관계망을 형성하도록 한다. 마을기업을 구체적으로 준비하게 되면, 마을멘토 및 경영멘토와 함께 워크숍을 진행한다.

　이 마을공동체사업은 3년 간 지속되면서 보완되고 수정되면서 발전하고 있다. 서울시와 자치구에서 추진하는 고유의 사업 범주를 벗어난 일들에 대해서 주민들이 꿈꾸는 마을상에 대해서 주민들이 고민하고 계획하여 스스로 실행에 옮기도록 하고 있다. 앞에서 통계를 보았듯이 주민제안사업들이 큰 폭으로 늘어나고 있다. 처음에는 마을단위의 작은 사업들로 시작하였다. 이것을 네트워크화하여 제법 큰 단위의 네트워크를 구성하고 있는 추세이다. 예를 들어 마을창작소네트워크, 공동육아네트워크 등이다. 또한 자치구마다 자치구 마을공동체 생태계 조성을 위한 지원단을 두고 있고, 이것이 발전적으로 자치구 마을공동체지원센터로 형성되고 있다. 학교와 마을이 상생하는 프로젝트나 다문화가정과 함께 하는 사업 등을 공모하고 있다. 그리고 지역에서 마을공동체사업을 묶어서 마을계획을 수립하여 좀 더 큰 마을사업을 할 수 있도록 하고 있다. 이렇게 사업의 종류와 참가자, 사업 규모가 커짐에 따라 많은 인력이 필요하게 되고 계속해서 유급 인력을 채용하고 있다.[37]

한남제일교회와 마을공동체 만들기

1. 마을공동체사업의 시작

앞에서 서울시마을공동체사업에 대한 언급을 하였다. 서울시는 2010년을 전후해 민관이 함께 거버넌스(Governance) 사업으로 마을공동체만들기운동이 새로운 공동체운동으로 등장했고, 특히 2011년 박원순 시장이 시작한 정책인 마을공동체 사업을 계기로 서울이라는 도시 곳곳에 마을사람이 중심이 된 공동체가 만들어지고 살맛나는 마을 문화가 펼쳐졌다.[38] 우미숙은 "지역적 거주의 공동성을 기반으로 성립되었던 공농제는 이제 행복한 삶을 바라는 심리적 안정과 의식주 생활의 필요, 사회적 활동의 참여를 목적으로 하는 공동체운동으로 확대되었다"[39]고 하

---

37) 서울시 마을공동체사업의 발전 동향은 서울시마을공동체종합지원센터 홈페이지(http://www.seoulmaeul.org/)에서 확인할 수 있다. 이 사이트에는 현재 공모중인 사업, 승인된 사업, 사업절차 등이 자세히 공지된다. 그리고 서울시 각 자치구의 사업공모도 이 사이트에 공개하도록 되어 있어서 각 자치구의 상황도 살펴볼 수 있다. 최근에도 행정지원 인력에 대한 공개채용에 대한 공지가 있었고, 서울시마을공동체종합지원센터 청년사업팀에서 '마을로청년활동가'를 뽑는 공지가 있었는데, 마을미션형 9개소, 마을생태계형 2개소, 인턴형/광역미션 2개소, 총 17명을 선발하였다(2015. 5. 19).
38) 우미숙, 《공동체도시》, 21-23.
39) 위의 책, 23.

였는데, 지역사회에 이미 자리 잡고 있는 신앙공동체인 교회로서 이러한 취지와 이 공동체운동이 확대될 것으로 전망했을 때에 반드시 관심을 가져야 한다.

한남제일교회가 마을공동체사업을 처음으로 접하게 된 것은 2013년이었다. 한남동주민센터에서 동장이 찾아와 서울시에서는 유휴 공간을 주민을 위한 커뮤니티공간으로 활용하고 있다고 하였다. 동에서는 이 사업을 추진하기 위해서 유휴 공간을 찾고 있었다. 오 목사는 이것은 교회에게 주신 좋은 기회로 알고 긍정적으로 검토해 보았다. 그리고 그 결과 '사랑이 꽃피는 다문화가정 쉼터 만들기'라는 사업명으로 오 목사 외 2명의 교역자가 대표 제안자가 되어 사업을 제안하였다. 사업 내용은 교회마당 휴게실을 다문화 가족을 위한 커뮤니티 및 여가활동 공간으로 조성하고, 고향 음식 나눔 행사, 그리고 한글교육 및 외국어 교육을 실시하는 것이다.

이 사업은 자치구에서 채택되어 240만 원의 보조금을 받았다. 이 사업으로 다문화가정 및 지역주민 간 소통할 수 있는 공간을 마련하고 서로 간 교류 및 소통을 통해 사회통합 분위기를 조성했다는 평가를 받았다. 이 다문화가정을 위한 쉼터가 조성되었을 때 교회 인근에 위치한 소망쉼터에서 다문화음식축제를 위한 장소 대여를 요청하여 함께 음식축제를 세 번 실시하였다. 이 사업을 진행하면서 다문화가정과 다문화가정을 위한 사업을 하시는 분들이 주변에 많이 있고 그들과 어떤 방법으로 도움을 주고받을 수 있을지 알게 되었다. 이 사업은 2014년에도 연속으로 지원받았다.

2013년에 '은빛과 함께 자원봉사단과 행복한 한남동 만들기 사업'을 신청하였다. 독거노인을 위한 반찬봉사를 하는 사업이었다. 그런데 이 사업을 실시하게 된 배경이 중요하다. 반찬봉사의 배경에는 서울시에서 실시하고 있는 '무연노인 고독사방지 프로그램'과 관련이 있다.

그 당시에 홀로 사시는 어르신들을 돌봐주는 사람들이 없어서 언제 돌아가셨는지도 모르고 지내다가 수개월 후에 발견되는 안타까운 소식들이 방송 매체를 통해서 전해졌다. 지자체마다 이런 사건이 관할 지역에서 발생하지 않게 하는 것이 구청사업의 목표가 되었다. 한남동주민센터에서도 비상이었다. 교동협의회에서 이 안건이 나왔다. 동장은 이 문제를 함께 해결해 줄 것을 요청하였다.

마침 교회에서 사순절 기간에 지역사회와 좋은 친구가 되는 훈련을 하려고 계획 중이었다. 총회 주제도 "그리스도인, 작은 이들의 벗"이었다. 오 목사는 지역의 어려우신 분들과 어떻게 친구가 될 수 있을까? 고민하고 있었던 때였다. 동장에게 이 문제 해결을 위해서 우리 교회가 나서겠다고 하고, 주민센터 사회복지사와 논의한 결과 반찬봉사프로그램을 마을공동체사업으로 추진해보기로 하였다. 이 사업의 주요 내용으로 정이 넘치는 인정 있는 마을만들기, 독거노인 및 장애인 대상 밑반찬 서비스 지원, 고독사 없는 마을을 만들기 위해 전화를 걸어 안부를 묻는 텔레크로스(Telecross) 서비스 시행 및 노인정 청소 및 말벗 해주기 등이었다. 과거에도 교회 봉사부에서 교회예산으로 실시한 적이 있지만, 이번에는 구청에서 예산을 지원받아 한 달에 한번 11가정을 위해서 반찬을 만들고 배달하였다.

2013년과 2014년에 마을공동체사업을 하면서 깨닫게 되는 것은 마을공동체사업에서 실시하는 사업은 지역주민들에게 꼭 필요한 것들이었다. 그래서 교회 시각에서 바라보고 교회가 원하는 사업이 아니라 주민들이 원하는 일들을 할 수 있다. 그리고 교회 이름으로 봉사하지 않고 마을공동체사업이라는 것을 내세울 수 있다. 그래서 반찬봉사를 받은 어르신들에게 지역주민을 위한 사업이니 당당하게 혜택을 받으라고 말한다. 참여하는 성도들도 보람 있어 하고 동네사람들을 많이 알아가는 재미가 있다. 또한 2014년도에는 초등학생들과 부모들을 초청하여 반찬 만들기 체험학습을 두 번 실시하였는데, 참가자들이 마을의 어르신들을 위한 공식적인 행사에 참여하는 형태여서 더욱 흥미를 느끼고 지역사회의 일원으로서의 정체성을 갖는 기회가 되었다.

2. 마을공동체사업의 확대

1) 행복하고 살기 좋은 용산구 마을공동체

올해 2015년도는 마을공동체사업을 본격적으로 진행하고 있다. 용산구에서는 마을공동체사업을 위한 팀이 자치행정과에 있다. 자치행정과에서 오 목사에게 "2015 자치구 마을공동체 생태계조성 지원사업"(서울특별시 공고 제2014-2020호)을 맡아줄 것을 요청했다. 이 사업 내용은 서울시마을공동체종합지원센터와 함께 자치구의 마을공동체사업을 지원하는 업무를 맡게 된다. 다시 말해서 자치구의 모든 마을공동체사업업무를 담당하게 되는 것이다. 이 일을 하게 되면, 4천만 원 정도의 보조금을 가지고 자치구에 있는 마을사업을 하는 분들과 간담회를 갖고, 새로운 사업을 구상하는 사람들에게 정보를 제공하고, 단위사업을 하는 분들과 네트워크를 형성하여 자치구의 마을공동체사업을 활성화시키는 일을 하게 된다. 2015년 1월 23일 서울시 심사에 응하였지만, 선정되지 못하였다. 그리고 사업이 다시 재공고되었을 때에 응시하였지만, 역시 선정되지 못하였다.

안타깝게 선정되지 못하였지만, 이 사업에 응시하기 위해 준비하는 과정에서 마을공동체사업에 대한 공부를 많이 하게 되었다. 그리고 자치구의 도움으로 용산구 안에서 활동하는 마을사업지기들을 많이 만날 수 있었다. 2015년 2월 23일(월) 오전 11시 용산구청 4층 소회의실에서 용산구 마을사업지기 간담회가 있었다. 필자는 이런 과정을 통해서 마을공동체사업에 대한 이해의 폭을 넓혔다. 이런 사업을 하는 분들과의 네트워크를 형성하기 위해서 인터넷 카페를 만들었다.[40] 그리고 서울시 마을공동체종합지원센터에 마을상담을 의뢰하여 두 번의 컨설팅을 받았고, 용산마을아카데미에 참여하였다. 5월 달에 네 번의 강의를 받았다. 세 번째 시간에는 은평구 갈현동 마을공동체를 방문하였다. 4월 16일에는 고양시정주민참여위원회 기획분과위원회에서 주관하는 "마을공동체운동과 주민의 역할"이라는 주민 세미나에 참여하였다. 이런 활동들이 진행되면서 네트워크가 생겼다. 그리고 마을공동체사업을 교회에서 어떻게 이해하고 어떤 방식으로 추진할 것인지 하는 방향을 잡게 되었다.

오 목사는 기존의 봉사와 마을공동체사업을 두고 어느 쪽을 선택할 것인가를 묻는다면, 마을공동체사업을 택하겠다고 한다. 왜냐하면, 일의 내용을 비교했을 때에 똑같다고 할 수 있지만, 기존의 교회봉사를 고집할 때에는 시대에 뒤처지게 될 것이기 때문이다. 교회 봉사로는 무섭게 빠르게 변화하는 시대의 흐름을 따라잡을 수 없을 뿐만 아니라, 지역주민들의 마음도 잡지 못한다. 그러나 마을공동체사업을 기획하고 추진하는 사람들은 시대의 흐름을 잘 타고 있다. 그리고 그들이 네트워크를 활용하는 기술은 대단히 발달된 형태이다.[41] 지역사회와 함께 하는 교회가 되려면 네트워크를 알아야 한다. 그리고 지역교회는 이 사업에 참여

---

40) 필자가 만든 카페는 "http://cafe.daum.net/yongsancommunity 행복하고 살기좋은 용산구마을공동체"이다. 이 카페에는 현재 17개의 모임이 들어와 있고, 서울시 마을공동체종합지원센터와 용산구마을공동체 참여방, 서울시 고시 공모 게시판, 용산구 고시 공모 게시판을 연결하였다. 이 카페에 들어오면 현재 진행 중인 마을공동체 사업지기의 활동내용과 서울시에서 진행하는 마을공동체 사업 뿐만 아니라 각종 공모사업을 찾아볼 수 있다.
41) 앞에서 다룬 책, 《마을만들기 네트워크 - 사이 넘어, 결핍은 네트워크로 메운다》(안양: 국토연구원, 2014)을 보라.

할 때에 철저히 공익성과 개방성을 강조해야 한다. 교회 일처럼 보여서는 안 된다. 좋은 것은 공유하려는 기본적인 생각이 중요하다.

2) 마을공동체사업 공모 현황

서울시마을공동체종합지원센터 공고 게시판에는 여러 가지 사업들이 공지되었다. '마을예술창작소', '공동육아활성화지원사업', '마을미디어활성화사업', '마을과 학교 상생프로젝트 종합지원사업', '부모커뮤니티 활성화사업', '우리마을지원사업', '한옥마을 및 한양도성 인근마을 가꾸기', '에너지 자립마을 조성사업', '다문화 마을공동체 활성화사업' 등 다양하다.

· 부모커뮤니티 활성화 지원사업

2015년 2월 말에 "2015년 부모커뮤니티 활성화 지원사업 추진계획 공고"가 게시되었다. 이 사업은 3명 이상의 주민 모임 및 단체가 지원할 수 있다. 유형은 좋은 아빠들의 모임, 예비부모모임, 청소년 자녀를 둔 부모 모임, 직장부모 모임, 어린이집 부모 모임, 방과 후 프로그램 모임, 토요체험학습, 재능나눔 교육 모임 등이 해당된다. 이 사업공지를 보고서 떠오르는 것이 '꼬마화가공방'이었다. 초등학교 아이들 10여 명이 참여하는 미술교실인데, 학부모들이 교회에서 장소를 제공해줄 것을 요청하여 2011년 3월부터 매주 목요일마다 교회 공간을 사용하고 있다. 필자는 학부모들을 만나서 부모커뮤니티활성화사업에 대한 설명을 하고 어떻게 참여할 수 있는지를 알려 주었다. 학부모들은 여러 번의 회의를 거쳐 사업설명회에 참석하여 필자의 도움으로 사업계획서를 제출하여 사업이 선정되었다. 그래서 200만 원의 보조금을 지급받았고, 지금은 더 많은 부모와 자녀가 참여하여 다양한 활동을 하는 미술교실이 되었다.

2016년에는 앞에 소개한 꼬마화가공방의 학부모 모임과 아버지합창단이 부모커뮤니티 활성화 사업에 선정되어 지역주민들과 함께 사업을 진행하고 있다. 아버지합창단은 2015년도에 이웃만들기사업으로 시작하였는데 2016년도에는 "노래하는 뻔(fun)뻔(fun)한 패밀리"라는 사업명으로 활동하고 있다. 기타교실과 합창단을 조직하여 활동한다.

· 우리마을지원사업

2015년에 우리마을지원사업 가운데 이웃만들기 사업에 4개의 사업이 선정되었다. 꿈꾸는 오케스트라, 청년커뮤니티 '청년의 이름으로', 아버지합창단 그리고 엄마랑 아가랑 키즈카페이다. 1백만 원의 지원금을 받았다. 이 중에서 꿈꾸는 오케스트라는 용산구 푸드뱅크 사랑나눔 오케스트라 페스티벌을 개최하였다. 그리고 '청년의 이름으로'는 지역의 청년들이 독거 어르신들을 돌보고 마을을 꽃나무길로 조성하는 등의 활동을 진행하였다. 이번 2016년도에는 마을미디어 사업에 선정되어 700만 원을 받아 영상교육 12주과정을 진행하였다. 동네방송국을 만들

공동육아 엄마랑 아가랑(신구대학교 식물원 탐방)

목표로 열심히 활동하고 있다. 엄마랑 아가랑 키즈카페는 엄마와 아가의 모임이다. 10여명의 엄마와 아가들이 함께 활동을 하였고 올해에는 공동육아지원사업에 선정되어 550만 원을 받아 더 많은 활동을 진행하고 있다.

· 마을과 함께 하는 학교 모임지원사업

비슷한 시기에 "2015년 마을과 학교 상생 프로젝트, 〈마을과 함께 하는 학교〉 모임 지원사업 공고"가 게시되었다. 이 사업은 3명 이상의 주민 모임이나 단체가 진행하고 있는 마을주민들과 학교가 함께 하는 프로그램이 있다면 지원할 수 있었다. 필자가 이 공고를 보고 한남초등학교에서 학부모들이 학교와 함께 실시하고 있는 '통통북클럽'이 생각났다. 필자의 아들도 북클럽의 회원이기 때문에 평소에 잘 알고 있었다. 통통북클럽은 2013년도에 시작되었다. 저학년들이 수업시간에 책을 읽는 능력이 떨어져 힘들어하는 경우가 많다. 맞벌이하는 부모의 입장에서 아이들을 제대로 가르치기 힘든 현실적인 문제가 있었다. 이것을 보고서 몇몇 학부모들이 방과 후에 아이들을 데리고 교과서를 읽어주는 일을 하였다. 이것이 발전하여 학년별로 운영되는 북클럽이 된 것이다. 엄마들이 아이들에게 읽어줄 책을 선정하고 다양한 방법으로 독서교실을 운영한다. 엄마들의 열정과 아이들의 호응으로 학교에서 인정하는 프로그램이 되었다. 이 통통북클럽은 '마을과 함께 하는 학교사업'에 너무나 잘 맞는 모임이었다. 필자는 이 모임의 엄마들을 만났다. 그리고 '마을과 함께 하는 학교사업'의 내용을 설명하고 함께 사업설명회에 참석하고 대표 제안자에 필자가 참여하여 신청하였다. 이 사업은 선정되어 400만 원의 보조금을 받아 사업을 잘 진행하였다. 2016년도에도 재선정되어 495만 원의 보조금을 받게 되었다.

3) 마을공동체사업의 유익한 점

필자가 지역에서 마을공동체사업의 실무를 맡아 일을 진행하다보니 많은 유익이 있었다. 앞에서 언급한 것처럼, 지역사회에서 필요한 사업이 무엇인지 알게 되었고 그 일에 다양한 방법으로 참여할 수 있다. 그리고 한 가지 마을공동체사업을 하게 되면, 다른 사업지기나 다른 사업들과 자연스럽게 네트워크가 형성된다. 이 일을 하면서 많은 사람들과 접촉하게 된다. 그리고 이 사업을 추진할 때에 철저히 공익성과 개방성을 강조하여 행복하고 살기 좋은 마을을 형성하는 일들이 되도록 한다. 필자가 이렇게 활동할 수 있는 이유는 오 목사 지역의 필요를 채우려는 노력 때문이다.

· 학교, 마을, 교회가 상생하다

앞에서 언급한 '통통북클럽' 엄마들이 학교에서 맡은 일에는 한 가시 너 있다. '지구촌문화 이해교육의 날' 행사를 준비하고 진행하는 것이다. 올해는 학교에서 몽골에 대해서 준비하도록 하였다. 엄마들은 시간이 촉박하고 어떻게 준비해야 하는지 난감해 하고 있었다. 네트워크의 장점은 서로 정보를 교환하는 것 아닌가? 어떻게 도울 수 있을까? 가장 최선은 광진구에 위치한 몽골문화원이었다. 엄마들과 함께 찾아갔다. 몽골문화원에서는 적극 협조하며 도움을 주었다. 게르와 전시물품을 아주 저렴하게 협조받았다. 지구촌문화 이해교육의 날에는 학생들이 몽골의 기후와 동식물, 몽골의 축제와 노래, 몽골의 음식 체험, 몽골의 위치 및 전통문화, 몽골의 주택 체험 등을 할 수 있게 되었.

엄마들이 이렇게 적극적으로 준비하자 학교에서도 뒤늦게나마 몽골대사관에 편지를 써서 행사에 초대하였다. 오 목사는 행사준비 상황을 엄마들과 함께 체크하면서 몽골출 신 바이올리니스트 엘랴 엥헤 씨를 섭외해 주었다. 그래서 6월 3일(수) 오전 10시에는 한남초등학교 행사장에 몽골대사관 직원들과 몽골문화원 직원 그리고 학교 교사와 학생들이 참여한 가운데 지구촌문화 이해교육의 날 행사를 진행하였다. 엘랴 엥헤는 바이올린으로 몽골 전통 음악과 국가 등을 연주하였다. 지역사회 안에서 "학교 - 마을 - 교회"가 서로 네트워크되어 서로 도움을 주는 사례가 되었다. 마을공동체사업을 계속해 나가면 이런 일들은 더 많이 생기게 될 것이다.

· '마을'과 함께 아름다운 마을을 꿈꾸다

필자가 운영하는 인터넷 카페에 서울시 공고 공모게시판을 링크해 두었다. 하루에 한 번 이상은 확인한다. 우리 마을에 필요한 내용이 있을까? 하는 기대를 갖고 있다. 4월 달에 "2015년 「주민참여 골목길 가꾸기 지원사업」 대상지 사업제안서 공모 공고"(서울특별시 공고 제2015-697호)가 올라왔다. 이 사업은 마을공동체사업은 아니지만, 서울시 조경과에서 주거 밀집지역 골목길을 주민 스스로 가꾸는 공동체 문화를 형성하고, 녹지가 부족한 생활공간에 꽃과 나무를 식재할 수 있는 장소를 마련하여 시민들에게 특색이 있고 쾌적한 녹지공간이 있는 골목길을 제공하고자 마련한 사업이었다. 창의적이고 실행 가능한 아이디어를 제안하는 민간단체를 공모하고 있었다.

이 사업에 대해서 어떻게 할 것인가? 결론은 한남제일교회가 마을에 기여할 수 있는 최고의 사업이라는 것이었다. 그래서 교회 이름으로 이 사업에 계획서를 제출하였고, "이웃과 함께 하는 한남동 꽃나무길 가꾸기" 사업이 선정되었다. 보조금 3,000만 원과 교회에서 180만 원을 자부담으로 지출하여 사업을 시행하게 되었다. 이 사업 계획 내용에서 앞서 말한 교육관을 마을주민들과 함께 공유하는 계획이 들어 있다. 교육관 정원을 마을정원으로 개방하고 그곳에서 주민들과 함께 원예교육을 실시하고, 주민들과 함께 모임을 갖고, 골목길 마을주민들이 정을 나누고 삶의 스토리를 엮어가는 쉼의 장소가 되도록 하는 것이다. 사실 이 사업이 승인받는 데에는 자치구 공원녹지과 도움이 컸다. 조경이나 화단조성에는 경험이 없는 필자를 타박하지 않고 좋은 계획서를 제출할 수 있도록 해주었다. 그리고 이 사업을 동네에서 공신력 있게 추진할 수 있는 단체로 교회를 인정해 주었다. 서울시에 사업계획을 올릴 때에도 이점을 강조하였다고 한다. 이 사업에 14개의 단체가 선정되었다. 대부분은 전문 조경업체들이고, 순수 민간조직은 한남제일교회와 묵 2동 주민자치위원회 두 곳뿐이었다.

지역사회의 필요를 채우려는 한남제일교회의 노력, 특히 마을공동체사업에 참여함으로써 교회의 입장이 아니라 지역주민들의 입장에서 일을 감당하려는 모습은 지역사회로부터 좋은 평가를 받게 된다.

마치면서

앞으로의 한국교회는 어떤 모습이 될 것인가? 두려워하지 말고, 세상의 흐름을 잘 파악해보자. 그러면 한국교회가 어떻게 나아가야 할지 방향을 잡을 수 있을 것이다. 가장 지역적인 교회에 희망이 있다. 지역교회는 지역사회와 긴밀한 관계성을 유지해야 한다. 마을을 품는 교회가 되어야 한다. 이를 위해서는 목회자는 적어도 내가 속한 지역을 목회한다고 생각해야 한다. 그리고 지역사회의 필요가 무엇인지, 교회가 할 수 있는 부분은 어떤 것이 있는지 적극적으로 살펴서 섬기려는 자세가 필요하다. 작은 교회일수록 더 연구하고 주민센터나 구청에서 하고 있는 사업들에 관심을 가지고 참여하는 것이 필요하다. 그러한 참여를 통해서 교회가 존재하는 이유에 대해서 끊임없이 실천으로 응답해야 한다.

교회가 사회적 공신력을 잃었고, 성장주의 패러다임의 한계를 느끼고, 개교회 중심주의와 포스트모더니즘, 그리고 대중문화의 파도에 휩쓸려 그 중심과 지도력을 상실한 상황에서 지역교회는 더욱 지역사회의 공동체성을 회복해야 한다. 지역의 필요를 찾아 섬김의 영성으로 문제와 한계를 극복해야 할 것이다. 교회는 그 문을 열고 마을을 향해 나아가고 마을을 그 안으로 초청해야 한다. 교회 주변을 깨끗이 가꾸고, 친절운동과 같은 작은 일부터 시작하자. 교회에는 분명 좋은 것이 있다. 공간이 있고, 인력이 있으며, 그리스도의 정신이 살아 있다. 이러한 것을 어떻게 지역사회와 나눌 수 있을지 고민해야 한다. 주민들이 필요하다고 할 때에 그들의 필요를 채워줄 수 있어야 한다. 더 이상 지역사회의 아픔과 어려움을 외면하지 말고, 그들과 함께 아파하고 문제를 나의 문제로 품어야 할 것이다. 그러면 교회가 열어 놓은 세상을 향한 문은 점점 넓게 열릴 것이고 지역사회의 구성원으로서 지역사회와 네트워크하며 그리스도의 생명력을 전하는 목회를 하게 될 것이다. 지역사회와 함께 하는 교회에 한국교회의 희망이 있다. 또한 진정한 화해를 위한 디아코니아를 이룰 수 있을 것이다.

초원교회 이야기

이기성

들어가는 말

우리는 국가적으로 어려운 시기를 지나고 있다 국가가 어려운데 어렵지 않은 사람이 어디 있을까? 모든 사람들이 어렵다고들 한다. 그렇다면 우리가 속해 있는 교회는 어떨까? 교회 역시 어렵다? 농어촌교회이기 때문에 어려운 것인가? 도시의 작은 교회여서? 아니다 도시의 중대형 교회들도 어렵기는 마찬가지다. 시대적으로, 지역과 환경적으로가 아니라 태초부터 지금까지 그래왔다.

아무리 어렵다고 하더라도 이 상황을 운명처럼 받아들일 수는 없는 일이다. 아무리 힘들다고 하지만 '어렵다'고 포기할 수는 없는 일이다. 우리는 적어도 세상이 '어렵다'고 말할 때 '그래도 소망은 주께 있어'라고 말할 수 있어야 한다. 왜냐하면 교회는 주님이 주인이시고 그 가운

---

* 이기성 목사(진주 초원교회)

데 그리스도인은 세상의 가치와 방법으로 살아가는 사람들이 아니라 하나님의 방법과 가치가 우리를 이끌어가기 때문이다.

그리고 이 땅의 교회는 어떤 사람에 의해 세워진 것이 아니라 하나님이 세워주셨기에 하나님께서 친히 이끌어 가신다. 눈으로 보이는 현상들은 힘들어 보일지 모르지만 고난과 어려움 가운데도, 침묵 가운데도, 사람은 주님의 생각과 뜻을 헤아리지 못할지라도 여전히 주님께서는 일하고 계셨고 하나님 되심을 친히 나타내셨다. 누구의 공로나 자랑이 아니다. 왜냐하면 전적인 주님의 이루심이었기 때문이다.

아직도 여전히 작은 교회요. 외부의 도움을 필요로 하는 미자립 교회이지만 하나님의 강력한 역사하심과 일하심 함께 나누며 진정한 소망이요 미래가 되시는 주님 바라보기를 원하며 초원교회 이야기를 나누고자 한다.

필자는 시내상가 교회에서의 5년을 정리하고 전원교회로 들어와서 6년째를 맞이하고 있다. 전원교회로 전환하면서 세 가지 방향이 있었다.

  첫째는 다음 세대를 위한 공동체
  둘째는 마을과 함께하는 공동체
  셋째는 도시 교회와 함께하는 공동체

첫째로 다음 세대를 위한 공동체 사역
 (1) 매년 여름성경캠프(1-2회) (2) 고 3 기도회 인도(월 1-2회) (3) 마라톤찬양집회(년 1회) (4) 청소년 MT사역

두 번째 마을과 함께하는 사역
 (1) 마을과 문화활동(음악회, 마을잔치 등) (2) 농산물생산, 유통(영농법인, 유정란, 표고버섯, 절임배추, 고추, 양파, 우렁이농법 등) (3) 마을가꾸기(벽화, 집수리, 도배장판)

세 번째 도시교회와 함께하는 사역

(1) 여름아웃리치사역 (2) 목회자 힐링 캠프(비정기적) (3) 거점 교회 사역(장비공유) (4) 도농직거래 장터사역 (5) 귀농귀촌 인턴사역

등등 위와 같은 사역들을 지속적으로 진행해 왔다.

부임 초기

필자는 2006년 4월 1일 초원(구, 새생명) 교회에 부임하였다. 교회는 진주시 외곽의 작은 아파트 3층 건물상가의 한 칸을 예배당으로 사용하고 있었다. 교회 환경은 하루 종일 해가 들지 않고 설립 예배조차 드리지 않은 상태였다. 이런 사실을 모른 채 왔으니 누구를 탓할 수 없었고 그 정도로 무지한 사람이었다. 교회가 외진 곳에 위치한데다 진주에서는 낙후된(이현동) 지역이었다. 우리 교회가 있는 마을은 오래 전부터 숯골이라 불렀다. 그 이름의 유래는 간단했다. 우리나라가 어렵게 살던 시절 이 마을은 나무를 베어다가 숯을 만들어 팔았던 곳이었다.

서울에서 교회를 섬길 때 열심히 하면 성장이 되는 것을 경험했다. 그래서 작은 목회나 시골 목회를 기도 부족과 열심 부족 또는 좀 무능력한 것으로 생각했는지도 모르겠다. 그러나 이곳에 내려와 기도와 전도를 열심히 하면서 다양한 프로그램을 도입해 보았다. 그야말로 예전에 가지고 있던 경험과 알고 있는 모든 방법들을 동원했던 것 같다. 그런데 이곳은 달랐다. 무엇을 해도 전혀 미동이 없었다.

결과는 항상 똑같았고 사람들이 조금 모이다가 다른 도시로 홀연히 이사를 가는 가정들이 생겨났다. 힘든 환경에서 벗어나는가 싶으면 또다시 신앙생활이 곤두박질치는 이들과 함께 지쳐가고 있었다. 깨어지는 가정이 회복되면 떠나고, 어려운 환경이 회복되면 떠나고, 가정의 치부

를 다 알고 있으니 숨으려고 다른 곳으로 떠나고, 새로운 사람이 와도 우리의 도움이 절실한 사람들이었고, 교회는 물론 허물 많고, 부족한 죄인이 모이는 곳이지만 서울에서 상상조차 못했던 교회 구성원과 배신, 그리고 목회자들까지… 머리는 희어지고 빠지는데 아내도 시름시름 아프기 시작했다. 교회와 사택 모두 해가 들지 않는 습지이고 소망이 보이지 않는 목회로 건강이 점점 약해지기 시작했다. 보일러를 돌릴 수 있는 형편이면 좋았을 텐데 난방조차 힘든 형편이니 더욱 그랬을 것이다.

유치원에 다니던 딸이 어느 날 거실 온도계에 표시된 눈금을 보고 아빠 빼기 3이 뭐냐고 물었던 기억이 난다. 겨울을 지내는데 온도계에서 영하 3도를 가리키는 걸 보고 하는 말이었다. 비용을 적게 들이고 추위를 이길 방법이 없을까 생각하다가 장작난로를 집에 설치했다. 그때 생각은 추운 겨울을 하루 빨리 지나가는 것이었다. 습지이고 음지이다 보니 겨울이 더 길었던 것 같다. 부흥이란 명분 아래 나름대로 최선을 다해왔지만 변하지 않는 교회 상황 앞에 스스로 주저앉고 말았다. 주저앉아 있는 내 모습은 내가 봐도 한심함 그 자체…! 그런 모습을 누구에게도 보이고 싶지 않았다. 그저 교회에 쭈그리고 앉아(기도?) 있는 시간이 많아졌다. 그 무엇도 내 힘으로 할 수 없다는 생각과 함께 모든 것을 내려놓고 정말 주님만 바라볼 수밖에 없었다.

그즈음 우리 사회에 '귀농'이 이슈였었다. 하나님께서는 '귀농'을 통한 전원교회로의 전환을 생각하는 가운데 심어 주셨다. 그리고 하나님의 뜻임을 깨달았고 이어서 교회를 이전하기로 교인들과 상의하고 수순을 밟기 시작했다. 이때가 재정적으로나 교인의 수로나 최악의 상태였다. 지나고 생각하니 성도의 수가 제일 적었으니 100% 찬성으로 이 일을 시작할 수 있었다는 생각이 들고 이 또한 주님의 작품이었다.

먼저 귀농인의 자격을 갖추려고 교육을 받고 난생처음 농사도 지으면서 진주시에서 1호로 공식적으로 목사이면서 귀농인 자격을 얻게 되었다. 그러나 이 과정도 피 말리는 전쟁과 다름 없었다. 가진 돈은 없었고 당시 마지막 방법으로 절실했는데 시청 직원은 내가 목사란 사실이 못마땅한 눈치였다. 그리고 자신의 지위를 이용하여 귀농인 자격을 주지 않으려고 무던히도 애를 썼다. 하지만 결국 하나님이 개입하시므로 농진청 본사 담당의 지시에 따라서 '목사라도 긍정적으로 검토하여 허락하라'는 승낙이 떨어진 것이다. 이런 결과에 힘을 얻어서 교회 이전은 탄력적으로 속도감 있게 진행이 되었다.

전원교회로의 시작

교인들과 상의하여 현재 교회에서 거리상 20분 내외의 명석면으로 정하고 1년 동안 침술선교로 마을 마을을 돌며 섬기기 시작하며 교회가 없는 마을을 탐색하고 면민들을 사귀기 시작했다. 물론 면사무소 직원들과도 좋은 관계를 맺었다. 본격적으로 교회 없는 마을을 찾아 6개월 동안 땅을 보러 다녔지만 계약금조차 없는 상황이었다. 교회 재산은 상

가 한 칸이 전부였다. 상가도 매매가 되지 않기로 소문난 곳이었다(후에 3,750만원에 매매). 지금의 땅을 사기로 결정은 했지만 단돈 100만 원도 없는 현실이어서 200만 원의 계약금을 가지고 가겠다고 하니 어이없어 하였다. 큰 마음먹고 300만 원 가져오겠다 하니 어이없어 하면서 허락해 주었는데 그 돈도 어떻게 마련했는지도 모르겠다. 그러니까 1억 원짜리를 300만 원에 계약부터 한 셈이었다. 아무런 근거도 없고 기도 밖에는 대안이 없는 절실함 속에 귀농인의 저리융자로 힘겨운 한걸음 한걸음의 발걸음을 떼어야만 했다.

농지를 샀는데 비닐하우스 뼈대가 있었기에 보수하여 이른바 비닐하우스 교회에서 예배를 드리기 시작했다. 우리가 산 땅은 논이었기에 그 상태로는 발을 디딜 수 없었다. 온통 진흙 구덩이여서 차가 빠지는 일이 빈번하게 있었다. 급하게 돌을 여기저기 알아보고 구해다가 바닥에 깔아야만 했었다. 여자 집사님 두 분(48세, 58세)과 아내, 그리고 필자(그 당시 46세) 이렇게 네 사람이 돌을 깔기 시작했는데 자그마치 120톤을 바닥에 깔았다. 바닥에 돌을 깔 때는 직접 손으로 깔았다. 왜 그래야 했을까? 중장비를 빌리면 순식간에 할 수 있는 일이다. 하지만 그렇게 할 만한 경제적인 형편이 미치지 못했다. 아마도 제 기억으로는 그렇게 힘든 일은 처음이었다. 그 때 아내의 입에서는 "이러다가 어떤 일을 이루기 전에 내가 먼저 죽겠다! 사람이 이렇게 해서 죽는구나!" 하고 말하곤 했다. 그 말을 들을 때마다 마치 고문을 받는 것과 같았다. 함께 부부로 살면서 이것밖에 해줄 수 없는 저에게는 이보다 더한 고문이 없었다. 나 역시도 사실 많이 힘들었다. 그러나 이제 얼마나 어렵게 여기까지 왔던지 죽는다 해도 별 서운한 게 없다는 생각이 들었다.

노동 가운데도 주님을 묵상하게 되었고 예수님께서 나를 위해 십자가에서 고통당하시고 죽으셨던 장면이 생각이 났다. 예수님이 왜 죽으셔야 했는지를 조금 느낄 수 있었던 시간이었다. 예수님의 고통이 얼마나 크셨을까? 얼마나 아프셨을까? 왜 이다지도 못난 나를 위해 죽기까지 사랑해야만 하셨을까? 정말 나를 죽으시기까지 사랑할만한 그 어떤 의미가 있다는 것인가? 측량할 수 없는 사랑을 알게 되었다. 그래서 일까 시편의 다윗은 "고난이 내게 유익이라"고… 주님의 고통을 조금이나마 체험이라도 하듯 이해하는 계기가 되었다. 힘든 훈련의 시간이 아니면 도무지 깨달을 수 없는 경험이었다. '나를 위해 지셨던 십자가의 고통이 이런 거였군요?' 주님의 고통에 한 발자국 다가서는 시간들이었다. 환경을 통한 하나님의 십자가 사랑을 알게 해 주셨다.

그러면서 동시에 땅 끝자락에 사택을 지었다. 교회를 지을 돈은 융자해주지 않는데 귀농자라고 농가주택을 지을 수 있는 제도가 있어서 시작하게 되었다. 그러던 중에 그렇게도 믿음이 가던 건축하시는 집사님과 그만 중간에 헤어져야만 했다. 서로에게 상처만 남겼다. 돈을 건넸으나 공사를 진행하지 않고 한 달을 고스란히 시간만 낭비하는 일이 벌어진 것이다. 사택이 없으니 집사님 집에서 두 가정이 함께 살다가 공사가 지체되니 마을에서 6개월을 보일러도 안 되는 빈 집에서 살았다.

아침에 일어나면 방바닥을 마른 걸레를 가지고 닦아낼 정도로 습기가 올라오는 집이었다. 건축하시는 집사님과 2개월 만에 헤어지고 이제는 직접 집을 짓게 되었다. 생전 처음 집을 건축하는 일을 해보았던 것이다. 지금 생각해도 기적 같은 일이다. 그리고 비닐하우스라 너무 추우니 사택에서 수요일과 새벽기도회 등을 드렸다. 사택의 화장실은 공용 화장실이요, 교육관이요, 숙소로 사용했고 지금도 사용 중이다.

이러한 기쁨도 잠시, 또 다른 어려움이 도사리고 있었다. 약 2개월이 지났을 때 태풍의 계절이 왔다. 그때가 정확히 8월 7일이었다. 태풍 '무이파'는 8월 7일과 8일, 이틀 사이에 800mm 폭우를 쏟아 부어 우리 마을 일대를 완전히 초토화시켰다. 제일 큰 피해를 입은 곳은 바로 우리 교회 골짜기였다.

　농촌마을에 들어와 살면서 생애 처음으로 경험하는 태풍이었다. 비닐하우스 교회는 이 태풍의 위력 앞에서 휘청거렸고 늦은 새벽까지 철야 아닌 철야를 한 셈이었다. 이른 아침에 밖을 내다보니 온통 빗물로 물바다를 이루고 있었다. 그때까지도 사택의 살림살이가 비닐하우스 한 곳에 쌓여있었는데 모두 물에 잠겨 버렸다. 책은 말할 것도 없고 가전제품도 모두 물에 잠겼던 터라 녹이 슬기 시작했다. 예배당의 강대상부터 의자 등등 모든 성물들이 물에 잠겼다. 무엇부터 손을 대야할지 막막한 광경이었다. 폭우가 지나갔고 남은 것은 물 폭탄을 맞고 쓰러진 살림살이들이었다. 그해 8월은 너무나도 혹독한 여름이었다.

　마치 이사 온 마을에서 신고식을 혹독하게 치르는 듯했다. 그런데다 예배 처소 반대편 하우스에는 산란용 닭 800마리를 기르고 있었다. 처음 해보는 일인데다가 아무것도 모르는 상황이었기에 처음부터 겁도 없이 800마리로 시작했다. 그 물 폭탄으로 닭장이 물바다가 되었고 닭들은 물위를 날거나 뛰어다녔다. 닭들이 가장 싫어하는 환경이 된 것이다. 물바다가 된 바닥에서는 닭들이 살 수가없는데다 물난리 속에 울어대다가 집단 폐사를 하는 거 아닌가 하는 생각이 들었다.

닭들이 온갖 스트레스와 함께 생존하기 위해 사투를 벌이고 있었다. 이런 환경에서는 질병에 걸리기 딱 안성맞춤이었다. 어떻게 하든지 바닥의 물기를 없애주기 위해서 왕겨를 구하려고 나갔다. 이 왕겨를 산청과 합천에 있는 방앗간을 찾아가 구해왔다. 빨리 닭장에 깔아줘야겠다고 생각하고 달려왔다. 그런데 면소재지 근처 하천 물이 역류하여 도로가 물에 잠겨 버렸다. 이런 상황이다 보니 면사무소 공무원들이 출입을 통제하는 것이 아닌가…! 들어가야겠다는 생각 외에 다른 생각은 할 수 없었다. 들어가서 빨리 닭들이 스트레스 받지 않도록 왕겨를 깔아 줘야 한다는 생각밖에는 없었다.

그래서 면 직원들을 설득하여 차량을 운전해서 들어갔다. 도로가 침수된 곳과 맞닥뜨렸다. 잠시 차를 세워놓고 도로 위에 잠긴 물을 바라본 후 결심한 듯 차를 몰아 돌진했다. 그런데 침수된 도로의 가장 깊은 곳에 이르자 차의 시동이 꺼져버리는 것이 아닌가 … 순식간에 운전석 발밑으로 물이 흘러 들어왔다. 순간 차가운 얼음덩어리처럼 생각이 굳어버렸다. 순간 원망스러운 마음이 솟아올랐다. 그런데 바로 그 순간 하나님의 음성을 들려왔다. "아들아, 닭을 사랑한 것처럼 한 영혼에게 정성을 다해 구원해야 하지 않겠니? 네가 닭을 키우라고 목사를 시켰니? 너 청소년 사역한다고 해서 이곳에 들어온 것 아니니?"라고 말이다. 돌직구를 던지시는데 아무런 대꾸도 변명도 할 수 없었다.

그때 깨달은 것 중에 하나는 하나님은 내가 하는 일에 많은 관심을 가지고 계시다는 것이었다. 잘하는지 못하는지 바른 것을 하는지 그렇지 않은지 하나님의 관심은 오직 나에게 있다는 것이다. 내가 사랑을 받고 있구나. 내가 하는 일인데 하나님으로부터 관심이 집중되어 있구나 하는 것을 깨달았다. 나는 어렵게 물속에서 차를 밀고 나왔고 닭장에 왕겨를 깔아 줄 수 있었다. 이 일을 계기로 다시금 정신을 가다듬고 하나님의 시선을 의식하며 살았다. 본질을 놓치지 않는 목회를 하게 되었다.

성전 건축 시작

비닐하우스에서 만 3년 6개월 동안 예배를 드렸다. 이 골짜기에 처음 들어왔을 때 첫 주일에 예배를 시작할 때 에피소드가 있다. 예배를 시작하는데 갑자기 뒷자리에 앉아 있던 고 1학년 남학생이 괴성을 지르는 것이었다. 설교를 하려다 말고 가보니 불청객이 들어왔는데 뱀이었던 것이다. 그때를 생각하면 지금도 입가에 잔잔한 웃음이 나온다. 여름이면 토요일에 미리 아이스 팩을 얼려놓는다. 그리고 주일예배 때 아이스 팩을 나눠준다. 성도들은 저마다 머리나 무릎에 아이스 팩을 올려놓고 예배를 드린다. 비닐하우스 교회는 파렛트 위에 강대상을 올려놓고 강단으로 사용했는데 예배 중에 말씀을 듣다보면 강대상 뒤로 비닐하우스 파이프를 쥐들이 타고 다니는 것을 본다고 했었다.

말씀을 전하려고 서면 5분도 안 되어 와이셔츠가 흥건하게 젖고 이마의 땀은 얼굴로 타고 내리곤 했다. 비닐하우스 초입에 가스렌지와 냉장고 씽크대를 놓고 식당으로 사용하기 때문에 발을 쳐서 예배 처소와

경계를 삼았다. 그리고 하우스 가장 자리에 화초를 심어서 여기서만 볼 수 있는 광경이 있었다. 밤새 들고양이들이 화장실로 사용해서 오물을 치워도 냄새나서 목초 액으로 바닥을 긁어 뒤집어야만 예배를 드릴 수 있었다. 새벽이나 저녁에는 화목난로에 불을 피워 난로를 가운데 두고 둘러 앉아 예배와 기도회를 했었다. 언제일지는 모르고, 근거도 없는 상태였지만 이 시대에 우리만 누리는 특권이라고 생각하였다. 이 또한 은혜였다.

또 겨울에는 예배 직전에 불을 피워놓고 고구마를 굽는 곳에 3-4개를 집어넣는다. 그러면 예배가 끝날 때쯤이면 모두 구워져 성도들의 간식거리가 된다. 아이들은 난로에서 구워져 나온 군고구마를 쉴 틈 없이 먹었다. 먹어도 먹어도 물리지 않았는가 보다. 아이들만이 아니라 장년들도 청년들도 난로에서 구워낸 군고구마를 좋아했다. 군고구마는 겨울마다 우리 교회에서 가장 인기 있는 간식 중 최고의 간식이었다. 그야말로 군고구마 먹는 시간은 행복한 시간 중 하나였다.

또 주일이면 아이들은 산으로 개울로 휘젓고 다닌다. 겨울에는 개울가에 가서 피라미를 잡아 내장을 제거하고 밀가루를 묻혀서 튀겨먹는다. 아이들은 한 사람씩 돌아가면서 뜰채그물을 양손에 잡고 가슴까지 올라오는 장화를 신고 물속으로 들어간다. 얼음이 얇게 얼어있을 때는 깨뜨리고 난 후 그물질을 한다. 잘 낚으면 10마리가 잡히기도 한다. 그러면 아이들은 신나게 환호성을 지른다. 잡은 고기를 칼로 배를 가르고 내장을 잘라내는 일도 아이들이 직접한다. 아이들은 호기심에 해보고 싶어서 달려든다. 물고기를 잘 손질해서 밀가루에 튀겨서 내놓으면 튀겨지기가 무섭게 먹어치운다. 튀겨내는 권사님이나 집사님들은 먹어볼 수도 없이 빈 접시만 남겨놓는다. 우리는 사람이 교사라고 생각했지만 이 아이들을 보면서 자연도 교사라는 것을 알게 되었다.

이 아이들을 보면서 성전을 지어야겠다는 생각이 더욱 절실해졌다.

그리고는 하나님께 기도했다. 그때마다 기도와 현실 사이의 거리가 너무나 멀다는 생각을 하게 되었다. 그러나 기도하면 하나님은 마치 모세에게 말하듯이 하시는 것 같았다. '왜 기도만 하느냐' 는 것이다. 지팡이를 바다를 향해 높이 들라고 하시는 것 같았다. 속으로는 "하나님 그런데 지금 형편을 아시잖아요"라고 말하고 싶었다. 그런데 기도하면 하나님은 똑같은 말씀만 되풀이 하시는 것이 내 마음에 느껴졌다. 이제는 더 이상 물러설 곳이 없다는 생각이 들었다. 그리고 시작하겠다고 결단을 했다.

결단을 하고 나니 노회에서 교회 탐방을 공지해왔고 여러 농촌교회 탐방에 따라 나섰다. 그 때 탐방한 여러 교회 중에 충북 청주의 외곽 면에 있는 쌍샘 자연교회에 가게 되었고 그곳에서 건축할 당시의 상황을 듣게 되었다. 이 교회가 건축할 때 1구좌 100만 원 100구좌를 모아서 시작했다고 했다. 그 순간 하나님의 응답이었고 그렇게 멀고 불가능하게만 느껴졌던 성전건축이 굉장히 소망적으로 다가왔다.

돌아와서 교회 건축을 위한 작업을 바로 시작했는데 늘 그랬듯 생각 같이 쉽지는 않았다. 1구좌 100만 원을 믿는 사람은 어렵게 생각하지 않을 줄 알았는데 선뜻 대답하는 사람도 많지 않았고, 성도들조차 동참하지 않는 모습을 보며 무척 실망스러웠다. 건축비 십분의 일은 우리 가정이 하고 싶은 욕심에 파트 타임 일이라도 할까 생각하는 아내의 말에 그 시간에 기도할 것을 종용하기도 했다.

그리고 성전건축을 위해 여리고 작전을 시작했다. 건축을 할 터를 닦아놓고 그곳에서 주일마다 기도했다. 성전건축의 양식은 돔 하우스로 결정하였다. 다음 세대들의 눈높이에 맞춘 건축물을 선택한 것이다. 기도하고 난 후 기공예배를 하나님께 드리기로 하였다. 기공예배를 드린다고 공포하고 나니 선배 목사님들이 얼마나 준비되었느냐고 물어보셨다. 사실 100만 원도 없었다. 그러나 기도했으니 기공예배는 하나님과 사람 앞에 공포이고 선포이었다. 그리고 기도했다. 기공 예배 후 설계를 뽑을 수 있도록 설계비를 구했다. 하나님은 정확히 준비해 주셨고 설계도를 볼 수 있게 되었다.

바로 이 헌금이 건축의 못자리 돈이었다. 그러니까 건축을 하겠다고 했을 때 준비된 것은 돈이 아니라 비전이었다. 하나님이 보시는 것은 우리의 마음이라는 것을 그때 깨달았다. 교회에서 무슨 일을 하든지 목적이 하나님과 뜻이 맞느냐가 중요하다는 것을 말이다. 또한 하나님의 일을 할 때 중요한 것은 돈이 아니라 믿음이라는 것을 알게 되었다. 공사는 하나님이 주시는 만큼 3개월, 5개월, 6개월 이런 식으로 중단과 공사 진행을 반복했다.

1년 전에 CTS방송국에서 PD가 출연 제의를 했었는데 아내가 거절했고 아내의 마음이 바뀌면 하겠다고 했었다. 중단과 진행을 반복하는 동안 아내의 마음이 바뀌었는지 다시 제의가 들어왔을 때 하겠다고 하며 "그것조차도 너의 교만이다"라는 마음을 주셨다고 고백하였다. 돌아서기까지 시간이 조금 걸렸다. 결국에는 출연을 하게 되었고 전국으로 퍼져갔던 우리 교회 소식을 듣게 된 성도들의 격려 전화가 왔었다. 그들의 격려와 위로와 협력에 힘입어 드디어 중단된 성전건축은 다시 시작되었다. 하나님은 평생에 잊지 못할 동역자를 붙여 주셨다. '브살렐'과 '오홀리압'과 같은 이가 이 시대에도 있음을 보여 주셨고 주위의 그 누구도 아닌 하나님의 영에 감동된 자이었다.

공사가 중단되어 손 놓고 있을 때 하나님께서 기도하는 중에 방망이질을 쳐서 전화했노라고 하여 정말 기적 같은 일이 기도하면 하나님이 분명히 이루신다. 그래서 큰 고비를 넘은 적이 여러 번 있다. 마침내 성전건축 외부공사는 거의 마무리 되었다. 공정은 60% 정도 진행이 되었다. 하지만 공사는 거기까지였다. 계속되는 중단과 공사의 반복으로 후에 완공하였을 때 새 건물로 보이지 않아 준공검사관이 새 건물이 어디 있느냐고 물어왔었다. 또 공사가 중단되고 난후 곧 진행이 다시 시작되겠지 하는 마음으로 어느덧 6개월이 지났다. 때로는 조바심도 내보고 때로는 의식적으로 아무렇지도 않은 것처럼 지내기도 했었다.

한편으로 생각하면 여기까지 진행된 것도 하나님의 은혜였다. 우리 교회 형편으로는 도저히 상상할 수 없는 일을 해낸 것이다. 빨리 매듭짓고 싶은 마음이 간절하지만 이 상황에서 하나님을 한번이라도 더 생각하는 시간이었다. 그렇게 생각하며 하나님의 큰 은혜의 때를 보내고 있었던 것이다. 중단된 상황에서 새해를 맞이하였고 2014년 이른 봄에 '온누리 농어촌부'에서 찾아왔다. 그리고 대화 중에 윤형주 장로를 통하여 '숲속음악회'를 열었으면 좋겠다는 생각을 말했다.

이 이야기의 배경은 온누리 농어촌부에서 하는 사역 가운데 윤형주 장로의 사역이 포함되어 있었다. 그랬더니 듣고 있던 분들이 반응을 보이지 않았다. 알고 보니 윤형주 장로가 그동안 간증과 음악회를 했던 행사들은 연합회의 성격을 띠고 있었다. 가는 지역마다 연합된 교회들을 한 자리에 모아서 음악회를 진행했던 것이다. 그런데 20명 정도도 안 모이고 예배당도 없는 비닐하우스가 예배 처소인 곳에서 하겠다고 하니 농어촌 관계자들이 볼 때는 의문점이 한두 가지가 아니었다. 이 이야기는 우리 교회의 기도 제목으로 끝이 나고 헤어졌다.

그런데 하나님께서 기도하게 하셔서 온 교우에게 공동기도 제목으로 내놓고 기도하기를 한 달 정도 했을까? 온누리 농어촌부에서 연락이 왔다. 윤형주 장로가 오기로 했다고 말이다. 그렇지만 이렇게 빨리 결정되리라고는 생각하지 못했다. 이후 상황을 듣고 보니 음악회를 하기로 결정된 교회가 펑크를 냈다는 것이다. 그렇게 되니 순서를 기다리다가 하는 것도 장담할 수 없던 상황이었는데 펑크를 낸 그 순서에 하는 것으로 결정된 것이다. 이것은 하나님의 특별한 섭리였고 우리 교회를 향한 하나님의 계획된 작품이었다. 스텝들과 4월 25일(목)에 할 계획이었지만, 한 주를 늦춰5월 1일(목)로 결정되었다. 4월 한 달 동안 온 성도들이 이 일을 위해 금식하며 기도하였다. 그리고 홍보 포스터와 전단지 등 약 1만 장을 제작하고 진주시에 있는 모든 교회에 보내고 도로에 보이는 대로 포스터를 붙였다. 그때까지 우리는 하우스예배당이었기에 우리 마을에 있는 광제산 주차장을 음악회 장소로 결정했다. 그러니까 '숲속야외음악회'가 된 것이다. 목표는 1,000명이었다.

야외에서 하는데 봄철의 날씨를 믿을 수 없으니 일기를 놓고 기도하며 교회마다 광고를 하기위해 합천, 거창, 함양, 산청, 하동 등으로 다니면서 밭품을 팔았다. 윤형주 장로님이 잘 알려진 분이라서 알리는데는 그다지 어려움 없이 신나게 다녔다. 그런데 복병이 나타났다. 4월 16일 세월호 사건이 진도에서 전국으로 뉴스가 퍼져 나갔다. 주변에서는 이 행사를 뒤로 늦추자는 사람들과 그대로 하자는 의견이 팽팽하게 대립이 되었다. 결정을 내려야만 했다. 갑론을박 끝에 예정대로 진행하기로 결정했다. 계속해서 뉴스에 귀를 기울이면서 음악회는 예정대로 진행해 나갔다.

그렇게 진행하던 중 또 하나의 복병이 나타났다. 바로 3일 전에 장대같은 비가 내리기 시작했다. 5월 1일 바로 전날 저녁 12시까지 많은 양의 비가 내렸다. 그런데 당일 날 해가 나왔고 맑은 하늘을 보게 되었다. 당일 날도 아침부터 나가서 점심식사도 뒤로 하고 아파트를 찾아다녔다. 오후에는 권사님들과 함께 아파트를 찾아다니면서 전단지를 돌렸다. 그리고 일찍 오신 분들을 위해 식사를 준비했는데 약 150명 정도가 식사를 비닐하우스에서 하였다. 야외에서 음악회를 하기 위해 의자를 500개 빌렸는데 500석이 모두 가득 찼고 뒤에 서서 관람하는 사람들도 생겨났다. 성도가 없다보니 하나님이 지역의 방범대원들의 마음을 움직이셔서 차량소통을 도우려고 사람들을 지원해 주었다.

　　지난 시절 히트곡과 함께 모두가 하나되어 같이 노래하며 윤형주 장로의 신앙 유산과 그리고 사촌형인 윤동주 시인의 이야기를 한데 묶어서 은혜의 실타래는 어느 사이 2시간이 훌쩍 지나갔다. 7시에 시작했던 음악회는 한밤의 조명 아래 9시가 조금 지나서 끝났다. 모든 순서를 마치고 떠나간 텅 빈 주차장에 홀로 남았다. 하나님의 크고도 놀라운 사랑이 큰 파도같이 가슴으로 물밀 듯이 밀려오는 것이 아닌가? 순간 가슴으로 벅찬 감격이 밀려들어왔다. 그리고 마음속으로 하나님께 감사했다.

　　이 음악회를 통해 우리 교회는 순식간에 마을과 면내에 소문난 교회가 되었다. 면내에 어디를 가든지 마을 분들과 대화를 할 수 있게 되었다. 이 일 후 아들이 말했다 "아빠 왜 의자를 1,000개가 아닌 500개를 빌렸어요?" 1,000명이 오도록 기도했으면서 500개를 가져왔다는 것이다.
　　비닐하우스의 예배당, 중단된 성전 건축, 끊임없는 노동으로 이어지는 일상은 그 후로도 계속되었다. 온누리 농어촌부로부터 중단된 마지막 성전 내부 공사를 해주겠다는 소식이 전해져왔다. 그 순간 6개월 동안 이루어졌던 모든 사역들이 예사로 생각되는 것이 아닌 혹시 하나님의 드라마틱한 시나리오였단 말인가? 도무지 믿기 어려운 이야기였다. 지나간 시간들이 생각나면서 주체할 수 없는 눈물이 앞을 가렸다. 6월 15일 경부터 시작된 공사는 8월초 경에 마무리 되었다.

팀장과 총무집사 두 분은 우리와 함께 자고 함께 먹으면서 새벽에 기도로 시작하고 저녁에 기도회로 마치는 시간들을 함께 했었다. 그 해 처럼 더운 여름은 없었던 것 같다. 하루에 평균 7-8명의 일꾼들을 불러다가 일을 진행했다. 더위와 싸우면서 공사먼지를 뒤집어 쓰고 일과의 전쟁을 치러야 했다. 아내는 매일같이 하루 3번의 밥과 새참을 지었고, 팀장과 총무집사는 격주로 번갈아가면서 집에 다녀왔다. 서울에 올라가면 부인 집사가 말하기를 '기도원에 다녀온 것 같다' 라고 말한다는 것이다. 말 그대로 은혜로운 기도의 시간과 땀 흘리는 성전공사의 시간들이 마치 느헤미야를 연상케 하는 시간들이었다.

그때를 생각할 때마다 '초원교회의 성령행전' 이라고 말하고 싶다. 하나님이 그때 주셨던 그 은혜는 다시는 그때와 똑같이 재현될 수 없기에 우리는 소중한 은혜를 간직하게 되었다. 약 50일간의 성전 내부 공사가 마무리 되었다. 그야말로 감동적인 성전 공사였다. 우리 모두는 마지막으로 공사 마무리와 함께 자축하는 예배를 드렸다. 실내 공사가 끝이

이기성 · 초원교회 이야기 121

나고 실외 주변 마무리 작업 가운데 데크 공사라든가 주변 바닥 미장공사가 남아 있었다. 여름캠프를 정한 하루 전 밤까지 전기공사가 마무리되지 않아 핸드폰으로 불을 밝혀가며 교회주변 바닥 미장 공사를 저녁 10시까지 하였다. 다음 날 아이들은 들어오고 한 쪽에서는 전기공사와 입구에서는 데크 공사가 진행되고 있었으니 그저 웃음만 나는 은혜의 현장이었다. 서울과 경북 상주, 진주에서 모인 아이들과 감격스러운 캠프를 한 것이다. 입당예배를 드리게 되었을 때도 의자가 하루 전 날에 하나님의 또 다른 예비하신 사람을 통하여 공급하셨다. 성전건축은 정말 축복이다! 말할 수 없는 생생한 역사하심을 맛보고 경험하는 놀라운 통로인 것이다.

마을과 함께 한 절임배추 사역

2013년에는 성전공사를 시작한 뜻 깊은 해였다. 그리고 또 하나는 일산의 거룩한빛광성교회와 함께 '도농직거래'를 시작한 해이기도 하다. 거룩한빛광성교회는 '장터'라는 이름의 직거래사업장을 열었다. 여기서 '장터'란 장애인과 새터민의 줄임말이다. 장터의 출발은 장애인과 새터민들의 일자리 창출을 위한 일환으로 문을 열게 된 것이다. 그리고 농촌교회는 '장터'에 납품할 농산물을 생산해내는 역할을 하는 것이다. 이때 우리 교회에서는 절임배추를 장터에 납품하자고 제안하였다. 이 사업이 긍정적으로 받아들여지고 그해 11월과 12월에 각 두 번에 나눠서 출하하기로 계약을 채결했다.

절임배추 가공과정의 모든 매뉴얼은 장터에서 요구한대로 하기로 계약서에 명시가 되었다. 그뿐 아니라 장터 관계자들이 나와서 가공과정

을 감독하기로 했다. 마을에서는 부녀회장을 비롯해 회원들이 절임배추에 참여하였고 이장도 함께 나와서 관심을 보였다. '마을사람들이 행복하면 우리도 행복한 것이다'라는 이치를 깨닫게 된 것이다. 그리고 첫 해인 2013년 11월 29일과 12월 6일에 각각 절임배추사업을 시행하였다.

20kg짜리 한 박스를 기준하여 약 300박스를 주문자 생산으로 하였다. 이 사업을 통하여 농가에는 소득원이 되었고 마을주민들은 시급 일을 통하여 소득에 보탬이 되었다. 마을에서는 10여 농가 이상에서 배추를 심어서 해마다 절임배추를 가공해왔다. 우리는 배추를 절여서 출하하는데 마을이 하나가 되었다. 모두가 팔을 걷어 올리고 열심히 땀을 흘리며 그 속에서 하나가 되었다. 절임배추는 계절 상품이어서 시간과 노동과 인력이 단시간 소요되기 때문에 매일의 일과가 아니었다. 마을 주민의 10농가 이상이 배추를 심는 이유가 절임배추에 있고 그 시기에 교회로 모이는 구심점이 되고 있다.

이 사업은 우리 마을을 넘어서 면사무소에도 알려지고 면장과 시청 직원들도 나와서 현장을 답사하였다. 면사무소에서는 새로운 농촌마을의 수입구조가 창출된 것을 내심 반가워하는 모양이었다. 이런 운동이 농촌의 농민들에게는 활력소와 같다. 마을주민들은 교회가 들어온 것에 대해 좋아하지는 않는다. 그러나 교회가 마을을 위해 섬기고 헌신하는 일에 있어서 호감을 갖기 시작했다. 절임배추 사업을 통하여 그들의 마음으로 다가가는데 농어촌의 현실에 맞게 선교전략이 필요했던 것이다.

농어촌교회를 향한 하나님의 관심 가운데 일어난 성령의 운동이었다. 이 사역은 도시교회와 농촌교회의 상생과 협력을 통한 모델이 되었다. 우리 마을은 그때부터 현재까지 절임배추 사업을 진행하고 있다. 이와 같이 절임배추를 시작으로 고춧가루와 김장용 무 등 김장에 필요한 재료들도 동시에 소비가 되고 있다. 이와 같은 농산물 유통사역들은 교회와 마을을 넘어서 진주노회 산하 생산자협동조합으로 확장이 되고 있다. 이뿐 아니라 지리산 지역을 무대로 지리산선교동지회와도 함께 하고 있다.

이처럼 다양한 먹거리들은 선교회 이름으로 서울과 부산 그리고 전국에 걸쳐서 교회들과 성도들에게 판매가 되고 있다. 이런 일들은 기독교방송에서도 많은 관심을 가지고 도시교회와 결연해주고 있다. 기독교방송이 매체가 되어 이런 운동은 도시교회와 농촌교회를 하나 되게 하는 데 크게 기여하고 있는 것이다.

필자는 이렇듯이 기독교가 연합하는 일들을 함으로서 도시교회와 농촌교회가 함께 동반 성장하기를 희망한다. 도농 교류의 아름다운 연합체가 되어 지속가능한 발전을 도모하며 하나가 되기를 기대한다. 저희는 올해까지 절임배추사역을 4년째 진행하고 있다. 절임배추를 하다 보니 주변의 어려운 교회에 김장용 절임배추를 나누는 사역을 하게 되었다. 어려운 교회들은 약 50포기 정도면 겨울을 지내는 데 부족하지 않겠다고 생각했다. 이렇게 생각하고 한 해 5개 교회 전후로 절임배추 보내 주었다. 이 사역은 우리가 어려운 교회를 하고 있기에 도울 수 있었던 것이다. 어려움을 경험한 자가 어려운 마음을 헤아리고 실천할 수 있는 것이다.

우리가 했던 농사 중에는 총회 농어촌부의 지원을 통해서 염소사업을 계획하기도 했다. 이 일은 진주노회 산하 농어촌부와 진주 농목협의 협력으로 시작한 시범사업의 일환으로 총회 농선부도 참여해 주었다. 시범사업이다보니 운영에 신중하게 해야 하는 사업이었다. 이 사업은 보다 더 전문성을 필요로 하여 경험이 있는 교회로 중도에 이관하게 되었다.

또한 우리 교회는 표고버섯 농사도 한 해 동안 하였다. 2014년에 시설을 하고 표고배지를 9월말 경에 넣었다. 그리고 약 8개월 동안 2015년 5월까지 표고를 따서 판매를 하였다. 표고는 유정란과는 다르게 일손이 그다지 많이 필요하지 않았다. 그리고 유정란보다 상대적으로 쉽게 판매를 하게 되었다. 그리고 표고는 택배를 보내는 것도 계란보다는 훨씬 수월했다. 계란은 파손에 대한 우려가 늘 있으나 표고는 전혀 걱정할 필요가 없는 농산물이다. 판매라든가 수익 구조 등이 아주 좋은 편이었다.

유정란도 표고버섯도 안전한 먹거리 생산과 땅을 살리고 농촌에 인구가 유입되도록 돕는 일이기 때문에 참으로 소중한 일이다. 그리고 이것으로 인하여 선교의 매개체가 되는 것은 확실하다. 이 외에도 여러 단체가 함께 하는 유통을 돕고 있지만 자체적으로 생산하는 것들을 중단한 이유는 일반적인 목회로의 복귀를 주님께서 말씀하셨기 때문에 집중하고 있는 중에 있다. 그러나 이 전의 모든 것이 합력하여 선을 이루었고 진행 중임을 확신한다.

청소년 사역들

청소년 사역들을 소개하려고 한다. 먼저 "지리산 성경캠프"는 지리산 지역에 있는 교회들이 모여서 함께 진행하고 있다. 다른 프로그램은 거의 없고 오직 성경만 배우는 캠프이다. 이 캠프는 2007년부터 시작해서 현재까지 10년째 진행하고 있다. 초기에는 2개 교회가 함께 시작했다. 그렇게 하던 캠프가 지리산선교동지회 회원 교회 전체가 함께하는 캠프로 확장해 나갔다.

목사와 사모들이 모두 한두 가지씩 맡아서 주방팀과 강사, 의료팀, 찬양팀 등의 역할을 담당해서 진행한다. 지리산성경캠프사역은 CTS에서 매년마다 프로그램과 성경책, T셔츠, 손가방 등을 지원해주고 있다. 또한 '한국농선회'(지선동 단체회원)에서 재정적인 지원을 해주고 있다. 이런 도움을 통해 해마다 할 수 있었던 것이고 또한 한국교회의 미래를 생각하기에 가능했던 것이다.

우리는 복음을 심었고 그 곳에서 싹이 나와 나무가 되어 열매가 맺힐 것을 알고 있었기에 가능한 일이었다. 매년마다 준비하면서 선교단

체가 움직이다보니 말도 많고 효율성이 떨어진다. 그러나 10년을 묵묵히 지리산에서 다음세대를 위해 열심히 교육했다. 그러는 과정에 아이들이 자라났다. 초등학생이던 아이들이 이제는 대학생이 되었다.

이 아이들이 지리산어린이 캠프가 열릴 때가 되면 자발적으로 지리산에 모두 모인다. 그리고 찬양단과 교사로 섬기고 있다. 어떤 아이는 서울대학교에 간 아이도 있고, 한동대학교에 재학 중인 아이들 등 전국에 흩어져서 열심히 신앙생활을 하고 있다. 10년 전 이 아이들을 가르쳤더니 이제는 후배들을 가르치는 교사로 성장한 것이다.

사실 지리산 지역의 작은 교회들은 세상적으로 보면 참 보잘것없는 무명한 사람들이다. 그런데 무명한 자들이 시작했던 다음 세대 사역들이 10년 만에 얻은 결실은 실로 놀라운 것이었다. 우리는 하나님의 말씀이 헛되지 않는다는 진리를 깨닫게 되었다. 하나님은 심은 대로 거두게 하시는 분이심을 간증하게 된 것이다.

또 다른 사역은 "고3기도회"이다. 진주지역에는 여러 가지 이름으로 기독교 청소년 동아리가 활동 중이다. 그중에 하나가 바로 고3기도회이다. 이 아이들과 인연이 된 것은 약 6년 전이다. 현재까지 약 6년 동안 한 달에 한 번 내지는 두 번 정도 예배를 인도하고 있다. 초교파로 모이는데 고 3학년 아이들이 1년 동안 모이는 기도회이다.

그러다 보니 이 아이들이 고 3학년 때 신앙의 성장과 과정을 점검할 수 있는 시간이다. 가장 많이 모일 때는 50여 명 정도 모일 때도 있었다. 특정한 때는 선배들이 찾아와서 후배들을 격려하고 다과도 준비해서 함께 나누기도 한다. 멀리 타 지역으로 대학을 갔던 아이들도 고3기도회를 기억하고 찾아오기도 한다.

이런 선후배 사이의 영적인 벨트가 존재한다. 그리고 영적인 맥을 유지하며 아름다운 전통으로 이어가고 있다. 고3기도회는 또 다른 기독교 동아리들과 연대하여 다른 행사들도 진행하고 있다. 이런 일들이 자치적이며 유기적으로 움직이는 모습이 필자의 눈에는 아름다울 뿐이다.

이어서 MT사역에 대해 이야기하겠다. 고3기도회 아이들이 잘 자라서 대학교에 진학하면 MT가 필요할 때면 우리 교회를 찾아온다. 대개 1박 2일 정도의 일정으로 다녀간다. 청소년들이면 언제든지 찾아와도 된다는 신앙의 어머니 같은 품이 되어주고 싶은 것이다. 지금도 이 아이들은 계속해서 MT를 할 장소가 필요하면 연락이 온다. 마음껏 기도할 수 있고 아이들이 도시의 바쁜 일상과 학업과의 싸움에서 벗어나는 장소로 우리 교회를 생각한다. 친구들끼리 와서 고기를 구워서 함께 먹고 자신을 돌아볼 수 있는 기도처라 생각을 하고 있는 것 같다.

고3기 아이들과 함께 하다 보니 청소년들이 얼마나 힘겹게 신앙생활을 하고 있는 것을 알게 되었다. 그래서 언젠가는 어떠한 방법으로든지 청소년들을 위로해주고 싶었다. 그리고 도시에서는 할 수 없는 우리 교회가 가지고 있는 자연조건을 이용하여 생각한 프로그램이 바로 "마라톤&찬양집회"였다. 원 주제는 "힘들지? 우리 함께 뛰어보자"로 정했다가 "마라톤&찬양집회"로 바꾸었다.

이와 같은 사역을 하고 싶은 생각은 있으나 문제는 이 일을 해낼 수 있는 자체적인 역량이 부족했다. 기도하며 꿈만 꾸다가 여름 아웃리치 팀에게 미션을 주고 사역을 협력하는 것을 의뢰하게 되었다. 그랬더니 흔쾌히 한 번 해보겠다는 긍정적인 대답을 얻게 됐다. 이렇게 해서 마라톤&찬양집회는 2015년과 16년 8월 달에 연속적으로 진행되었다. 상품도 획기적으로 1등 상품으로는 테블릿 PC, 그리고 2등은 자전거, 3등은 텀블러를 주기로 했다.

많은 청소년들의 관심을 끄는 데까지는 성공했지만 아이들조차도 생소한 프로그램인지라 선뜻 하겠다고는 달려들지 않았다. 공부하기도 힘든데 힘들게 뛰어야 하기 때문이었다. 그래서 설명이 필요했고 고3기 출신들은 반 강요에 의해서 혹은 친구들이 가니까 따라오는 아이들도 있었다. 마라톤&찬양집회는 제목 그대로 달리기와 찬양집회의 접목으로 이루어져 있다. 아이들로 하여금 5km 달리기를 하게 하고 남녀 중학생, 남녀 고등학생, 남녀 대학청년 등 6개 부문으로 팀을 나누었다.

이 여섯 팀을 각각 5분 간격으로 출발하게 한다. 그리고 구간 구간마다 안전요원들이 상황을 파악하고 돌발 상황에 대처하도록 한다. 물병들을 비취하고 필요한 대로 가지고 뛰게 한다. 반환점에서 손목에 싸인을 받고 돌아와 출발했던 교회 마당으로 돌아온다. 모든 청소년들이 다 들어오고 달리기가 종료되면 그때 몸을 씻고 저녁식사를 교회 마당에 앉아서 한다. 저녁을 마치면 찬양이 시작된다. 7시부터 진행하여 9시경에 마치고 중간에 게스트를 초청하여 간증을 함께 나눈다. 이 결과 2015년에는 스텝진이 약 40여 명이었고 달리기 참여자는 73명이었다. 그리고 찬양집회시간에 참여한 청소년이 30여 명 정도였다.

그리고 올해는 2016년 8월 4일에 하게 되었다. 마라톤 참여자 83명, 스텝들이 70여 명, 그리고 찬양집회 참여자 100여 명이 함께 모여서 찬양집회 시간을 가졌다. 약 260여 명이 함께 저녁식사를 하고 찬양집회를 한 것이다. 올해는 참가한 교회가 16개 교회였고 지역적으로는 함양, 거창, 합천, 산청, 진주, 창원시 지역에서 참가했다. 창원에서 참가한 큰빛들교회 담임목사인 김상범 목사는 청소년들에게 관심이 많은 분인데 60이 넘은 나이에도 불구하고 함께 5km를 달렸다. 또한 우리 지역 외국인 근로 청년들도 함께 했다. 함께 찬양하며 크리스챤의 문화를 체험하며 어울리며 신기해하던 눈빛이 아직도 선명하며 지금도 끊임없이 교회 행사에 초대되어 교회를 방문하곤 한다. 주일 근무로 예배에는 나오지 못하지만 지난 주에도 식사를 초대하여 복음을 전하는 일을 하였다.

우리는 달리기를 다 마치고 난 후 찬양하기 전에 모든 청소년들의 손에 각각 '꿈의 풍선'을 들었다. 그리고 저 하늘을 향해 올라가도록 꿈의 풍선들을 손에서 놓았다. 그 풍선들은 순간 저 하늘을 향해 날아 올라갔다. 하나님이 들어주실 거라는 확신으로 모든 청소년들이 풍선을 날렸다. 지금도 그 장면은 잊을 수 없다. 많은 아이들이 힘차게 달렸고 저녁밥도 함께 먹고 찬양집회 때는 뛰면서 찬양했다. 찬양하며 기도하는 청소년들을 바라보노라면 아버지의 기쁨을 함께 누리는 감격이 있다.

그리고 그렇게 어둡지만은 않은 다음세대를 보게 된다. 그리고 훗날 이들에게서 또 다른 영향력이 흐를 것을 기대하게 된다. 이 대회를 위해 설교와 기도 그리고 개회 선언을 해주신 목사님들도 이 대회의 모습을 아주 좋아했다. 저 멀리 산청, 함양, 창원 등에서 온 청소년들이 다음 해에도 또 오겠다고 하면서 돌아갔다. 해를 더할수록 복음화율 4%밖에 되지 않는 이 땅에서 크리스챤 청소년 문화가 정착이 되고 진주를 넘어 나라와 민족을 위해 기도하는 장이 되기를 기대하고 있다.

또한 여기서 만족하지 않고 진주지역의 기독교 청소년들을 한자리에 모아서 집회를 하겠다는 계획을 꿈꾸고 있다. 머지않은 날 분명히 서부 경남 땅의 모든 청소년들을 한자리에 모아서 한 마음으로 한 목소리로 힘차게 찬양하며 기도할 날이 올 것이다.

또 함께하는 마을에서는 다양한 통로로 복음을 전하고 섬기고 있다. 의약품으로 마을잔치와 농산물 유통으로 경조사를 돌보는 일로 마음이 열리고 있으니 이미 하나님의 역사는 시작된 것으로 믿는다. 온전히 하나님의 사랑을 흘려보내는 한 일원으로 함께 살아가야 할 것이다.

마지막으로 한국교회의 미래를 논하기에 앞서 현재 목회하고 있는 이 작은 자가 주인의 자리를 넘보지 않고 온전히 주님께 주인 자리를 내어 드리고 주께서 친히 하시도록 겸손히 서는 것이 최대의 과제요 소망이다. 위에서 서술한 모든 사역은 작은 교회여서 할 수 없는 일이 아니었고, 돈이 없어서 할 수 없는 일도 아니었다. 그리고 사람이 없어서 할 수 없는 일이 아니었고, 능력이 부족해서 할 수 없는 일도 아니었다.

교인이 없어도, 하나여도 둘이 었어도 가능했던 일이었음을 조심스럽게 밝힌다. 작지만 결코 작지 않은 교회! 이것은 나의 꿈이기도 하다. 그것은 주님이 주인 되어 일하시도록 내어드리고 주께서 말씀하시고 품게 하시는 꿈 앞에 현실을 바라보지 않고, 나의 능력을 바라보지 않고 진짜 믿음을 사용하는 것이라고 생각한다. 자신에게 주어진 사역의 현장만큼 소중한 곳이 없으며, 최선의 협력은 한국교회를 넘어 하나님 나라의 작은 불씨가 되지 않을까 생각해 본다.

마을만들기, 마을목회와 마을목회의 신학적 근거[1]

황홍렬

I. 들어가는 말

일부 지자체에서 시작된 마을만들기가 사회의 주목을 받으면서 전국으로 퍼져나가고, 중앙정부도 관심을 보이면서 마을만들기가 이 시대의 대세가 되어가고 있다. 홍성의 풀무원공동체나 우리나라 협동조합의 성지로 불리는 원주는 마을공동체로서의 역사가 반 세기가 넘지만 대부분의 마을만들기는 역사가 짧은 편이다. 근대화, 산업화, 도시화가 고도의 압축 성장을 통해 이루어진만큼 그 후유증이 클 수밖에 없다. 이런 시대 변화가 초래한 마을 공동체와 가정의 해체에 대한 반발로 마을만

---

* 황홍렬(부산장신대, 선교학)
1) 이 글은 황홍렬, "한국 기독교의 디아코니아의 사례와 선교신학적 의의: 대안적 공동체를 중심으로" 한국선교신학회 편, 〈선교신학〉 제19집(2008년 11월), 11-40을 토대로 쓴 글임을 밝힌다.

들기가 시도되고 있다고 본다. 또한 본격적으로 지방자치 시대가 열리면서 마을만들기의 정치적 여건이 마련되었다고 본다. 그러나 현대인들이 현대문명의 편리함을 누리면서도 몸으로 느끼는 현대문명의 문제, 실패에 대한 대안으로 추구하는 대안 사회, 대안적 가치의 실현을 마을만들기를 볼 수 있다. 한국교회도 마을만들기에 관심을 가지면서 일부 교회들은 마을만들기, 마을목회의 모범 사례들로 떠오르고 있다. 그동안 마을목회 이전에는 지역사회선교라는 시각으로 마을에 접근했었다. 그런데 지역사회선교에는 여전히 교회 중심적 관점이 남아 있는 데 반해 마을목회는 마을이 중심이 되고 교회는 마을을 형성하고 성장하고 성숙하는 데 기여하는 마을의 한 기관으로 여긴다.

이 글은 마을만들기의 맥락에서 마을목회를 이해하고 그 신학적 근거를 제시하고자 한다. 먼저 II에서는 마을만들기의 배경과 정의, 주요 사례와 특징, 의의, 과제와 한계를 살피고자 한다. 마을만들기는 마을의 특징이나 상황, 주민의 욕구에 따라 다양한 접근 방식으로 마을만들기가 진행되어 왔다. 교육, 경제, 문화, 생태, 정치 등으로 접근방식을 분류하여 그 사례들을 제시하고 이러한 마을만들기의 특징과 의의와 과제와 한계를 제시하고자 한다. III에서는 마을목회의 사례들을 주체에 따라, 마을을 살리는 기독교 공동체, 마을을 살리는 교회. 소수자들과 함께 마을을 일으키는 교회, 마을의 경제를 살리는 기독교 기관으로 분류해서 제시하고자 한다. IV에서는 마을목회의 성서적 근거와 신학적 근거를 제시하고자 한다.

이 글은 마을만들기와 마을목회를 선교의 관점, 특히 하나님의 선교 관점에서, 에큐메니칼 운동과 신학의 관점에서 보고자 한다. 하나님의 선교에서 볼 때 마을목회는 마을 주민의 일치와 구원, 마을 생태계의 일치와 구원을 이루는 삼위일체 하나님의 선교에 참여하는 것이 마을목회이기 때문이다. 그리고 에큐메니칼 운동의 단위는 하나님이 지으신 온 세상, 하나의 국가, 지역사회/마을이기 때문에 에큐메니칼 신학을 마을/지역사회에 적용하는 것은 본래부터 지향하는 바이기 때문이다. 이 글의 의의는 마을만들기의 맥락에서 마을목회를 바라보고 마을목회의 신학적 근거를 제시한 점이다. 그러나 주제가 워낙 광범위하고 제한된 시간에 이루어진 연구이기 때문에 이 글은 본격적 연구를 위한 예비적 시도로 볼 수 있다. 아쉬운 것은 마을목회에 대한 최근 주요 사례들을 제시하지 못한 점과 마을만들기에 대한 최근의 평가와 제안들을 포함시키지 못한 점, 그리고 지역사회선교와 마을목회의 관계를 규명하지 못한 점 등이다.

II. 마을만들기의 배경, 주요 사례, 특징과 의의

1. 마을만들기의 배경과 정의

서울시 마을공동체종합지원센터는 마을만들기 또는 마을공동체에 대한 요구가 증가하는 이유를 급격한 도시화와 경제성장으로 발생하는 다양한 사회문제 대두, 지방자치 시대의 도래, 개발중심의 도시정책으로부터 주민 참여와 자치를 지향하는 도시정책으로의 패러다임 변화 등으로 제시했다.[2]

조한혜정은 근대와 후기근대의 패러다임 전환에서 마을이 필요하다고 했다. 근대 초기는 새집을 짓는 시기다. 16세기 이후 '봉건'이라는 집을 부수고 '근대'라는 새집을 미친 듯이 지어 나갔다. 이 과정은 고향

---

2) 서울시 마을공동체 종합지원센터,《마을, 3년의 변화 그리고: 서울시 마을공동체 지원사업 성과연구보고서》(서울: 서울시 마을공동체종합지원센터, 2015), 10-12.

과 과거와 결별하는 과정이었고, '끝없는 발전과 진보'를 믿는 '근대인'들은 도시의 아파트에 입주했다. 아파트 평수를 늘리다보니 이웃도 친구도 없어졌다.

'후기근대', 또는 '탈근대'에는 경제성장이 멈춘다. 이때 그들은 도시적인 것, 새것, 반짝거리는 것을 촌스럽게 보게 된다. 그들은 다시 고향을, 자신의 역사를 대면하게 된다. 이제 새것, 크기와 관계 없이 어렸을 때 느꼈던 따뜻함과 배려와 즐거운 기억이 있는 집으로 돌아가려 한다. 일부 청년들은 인디와 언더 문화, 인터넷과 대안교육 영역에서 돌봄과 소통과 나눔이 가능한 창의 노동을 하면서 사회곳곳에 생명의 씨앗을 뿌려왔다. 경제적으로 건강한 사회는 상호 호혜, 재분배, 교환이 모두 활발히 이루어지는 사회다. 근대의 파탄은 시장에 의한 교환경제가 과도하게 커졌기 때문이다. 그래서 돈이 존경, 신뢰, 보살핌 등 자발적 관계와 상호 호혜적 관계를 소멸시키고 있다. 국가에 의한 재분배 구조에 따라 사회 구성원들의 삶의 질이 달라지는 데, 식민지적 근대화에 이러 고도 압축적 경제성장 과정을 거친 한국사회는 생산적 복지에 대한 고려 없이 하드웨어 중심의 토건 국가를 형성해왔다.

그동안 한국인들은 대단지 아파트 건축, 최근에는 뉴타운 건설계획 등에 매진해왔지만 후기 근대적 상황에서 필요한 것은 아파트가 아니라 마을이고, 소비를 과시하기 위한 이웃이 아니라 소통과 나눔을 통해 상호 호혜적 관계를 맺어가는 이웃의 형성이다. 한국사회를 '헬조선'이라 부르는 청년들이 살고 싶은 마을은 '돌봄과 학습이 있는 주거', 사회복지, 노동복지, 학습 복지를 모두 아우르는 마을이다.[3] 이런 마을은 "생태적 한계를 인식하고 사회적으로 호혜·협동의 관계를 발전시키면서

---

3) 조한혜정, 《다시, 마을이다: 위험사회에서 살아남기》(서울: 또 하나의 문화, 2007/2012), 129-145.

경제적으로 지속가능한 대안을 모색하는" 대안사회로, '생태'는 "단순히 자연이나 환경을 의미하기보다 인간과 자연, 인간과 인간이 서로 연결되어 있으며, 자연의 한계 안에서 인간과 인간, 인간과 자연이 공존 공생해야 한다는 원리를 가리킨다."[4]

아리스토텔레스에 의하면 인간의 행복은 "자급하는 가계(oikos)의 충만함만이 아니라 자치하는 시민(polis)의 충만함"에서 온다고 보았다.[5] 인간의 행복은 외부적 선(경제)의 충족, 행복을 위한 최종적 단계의 삶인 관조적 삶, 그리고 외부적 선을 집합적으로 조달하고 관조적 삶을 즐길 수 있도록 하는 정치적 삶을 동시에 만족시킴으로써 자기 충족성을 갖는 삶을 살 때 얻을 수 있다고 하였다. 그런데 정치적 삶이 정치적 덕에 근거할 때만 정치적 삶이 관조적 삶과 연관될 수 있고 일과 여가를 순환시키며 행복을 추구할 수 있는 기회를 부여한다. 그러나 근대는 정치적 삶이 지나치게 외부적 선을 충족시키는 일에 매몰되거나 정치적 덕 대신에 권력을 정치의 핵심으로 여기는 잘못을 범했다.[6] 이처럼 후기 근대에 요구되는 마을은 경제적 필요 뿐 아니라 관조적 삶(철학/인문학)과 정치적 덕에 근거한 정치적 삶, 생활 정치가 필수적이다.

그런데 근대는 발전을 통해 풍요롭고 행복한 사회를 만들었는가라는 질문에 긍정적으로 대답하기 어렵다. 유엔인간환경회의는 1972년에 발전의 대안으로 '지속가능한 발전'을 제시했다. 그러나 '지속가능한 발전'은 발전과 생태, 성장과 분배라는 두 마리 토끼를 동시에 잡으려는

---

4) 구도완 지음, 《마을에서 세상을 바꾸는 사람들: 생태적 대안운동을 찾아서》(서울: 창비, 2009), 10, 12.
5) 하승우, "자립의 행복과 한국의 협동공동체" 이동수 편, 《행복과 21세기 공동체: 글로벌 대안 공동체 현장을 가다》(서울: 아카넷, 2013), 74.
6) 이동수, "행복과 탈근대적 공동체" 이동수 편, 《행복과 21세기 공동체: 글로벌 대안 공동체 현장을 가다》, 23-24.

모순을 안고 있었다. 진정한 지속가능성은 생태계 보존으로 가능한 것이 아니라 국가와 시장에 의존하는 공동체의 구조 자체를 변화시킬 때 가능해진다. 즉, "국가는 분권화된 자치 공동체로 재구성되어야 하고, 시장은 무한대의 확장이 아니라 자족할 수 있는 규모의 경제를 실현해야 한다." 이러한 자치 공동체와 경제적 자급은 위(중앙국가)가 아니라 아래(지역, 마을)로부터 이뤄져야 한다. 돈과 상품의 생산을 통해서가 아니라 주민 스스로가 직접 삶을 생산, 재생산하는 삶이어야 하기 때문에 마을이 중요하다.[7] 21세기 한국사회가 요구하는 마을은 입시 지옥과 학교 붕괴에 대한 대안교육, 상호 호혜, 재분배와 교환 사이에 조화를 이루는 대안경제, 문화를 통해 정체성을 강화하고 공동체를 형성하는 대안문화, 자신과 공동체를 생태적으로 보고 재구성하는 생태마을, 인간의 행복을 지향하는 생활정치를 지향하며 "생활의 필요를 해결하는 과정에서 형성된 이웃들의 관계망"이다. 쉽게 말하면 "애들 내놓고 다같이 키우며 사는 이야기를 수다로 풀다가 문제가 생기면 함께 고민하고 대안을 찾아 실행하는 이웃들의 관계망이다."[8]

2. 마을만들기의 사례들: 접근방식에 따른 사례

마을만들기는 위에서 정의한 대로 주민들의 주요 관심사나 상황에 따라 대안교육, 대안경제, 대안문화, 생태마을, 생활정치 등을 지향하는 마을로 분류할 수 있다. 그러나 마을이 형성된 역사가 오래되면 다양한 관심사들이 나타난다. 이를 통합형이라 부르고자 한다.

---

7) 하승우, "자립의 행복과 한국의 협동공동체", 73-87.
8) 유창복 서울시 마을공동체 종합지원센터장, "관이 아닌 주민을 위한 마을만들기" 오마이뉴스 특별취재팀, 《마을의 귀환: 대안적 삶을 꿈꾸는 도시공동체 현장에 가다》 (서울: 오마이북, 2013/2014), 170-171.

1) 아이와 학교를 살리는 마을 : 마을이 학교다

학교폭력 문제나 공교육의 붕괴에 대한 대안을 제시하면서 마을이 형성되는 경우가 있다. 이러한 마을만들기의 모토는 '한 아이를 키우기 위해서는 온 마을이 필요하다' 이다. 평화샘 프로젝트는 책임연구원 문재현의 두 아들이 학교폭력의 피해자가 되어 그 대안을 찾다가 노르웨이의 단 올베우스의 대안을 한국 교육 상황에 맞춰 조정한 학교폭력 대안 프로그램을 제시하고 있다.[9] 그는 "학교폭력 문제, 특히 일진 문제를 해결하려면 가족과 학교, 마을(지역사회)이 하나의 열린 체계이며 환경으로 작용한다"는 점을 강조한다. 학교가 마을(지역사회)에 열려 있어야 하는데 실제로는 학교가 방어적 태도를 취해 지역사회의 신뢰를 얻지 못하기 때문에 학교폭력, 일진 문제 해결이 어렵다고 한다. 그러나 그는 자신의 책에서 마을 사람들이 학교를 비난하지 않고 스스로 나서서 문제를 해결하는 사례들을 제시한다. "학교와 달리 마을 사람들은 일진이나 위기 청소년들에 대한 문제를 인정하는 데도 적극적이었고, 아이 하나를 처벌한다고 되는 것이 아니라 아이의 환경을 바꾸어 주어야 한다는 것도 잘 알고 있었다." 마을 사람들에게 아이들을 돕자는 제안에 대해 그들은 적극적으로 호응해서 동네 차원의 네트워크가 불과 몇 달 만에 이뤄졌다. "마을공동체 프로그램은 참여자 대다수가 소통과 참여, 보살핌을 통해서 서로를 인간으로 발견하고 상처를 치유하는 과정이 되었다."[10]

평화샘 프로젝트의 마을공동체 매뉴얼은 '위기 개입 매뉴얼'과 '근

---

9) 문재현 외 지음,《학교 폭력 어떻게 만들어지는가》(서울: 살림터, 2012), 문재현 외 지음,《학교 폭력 멈춰!: 보살핌 · 우정 · 배움의 공동체》(서울: 살림터, 2012), 문재현 외 지음,《왕따, 이렇게 해결할 수 있다》(서울: 살림터, 2012)
10) 문재현 · 신동명 · 김수동 지음,《아이들을 살리는 동네: 참여 · 소통 · 보살핌의 공동체》(서울: 살림터, 2013), 8-9.

본적인 예방 대책'이라는 두 가지 영역을 중심으로 한다. 마을에서 위기 개입은 놀이터 등에서 일진 아이들이 아이들과 주민들을 위협하고 물갈이 등 일탈 행위를 할 때 주민들이 어떻게 대응할 것인가를 제시한다. 근본적 예방 대책은 마을을 보살핌의 공간으로 만드는 데 그 목적이 있다. 일진과 왕따를 만들어내는 요인은 학교 요인 뿐 아니라 가족 요인, 마을공동체 요인도 있다. 따라서 근본적 예방 대책은 지역사회의 소통과 가족, 학교, 마을의 보살핌 망을 구성하고 강화하는 것이 핵심이다. 이를 위해 중요한 것이 지역사회에서 광범위한 대화 구조를 창출하고 새로운 의견 형성 구조를 만드는 것이다.[11] 이 책은 건강한 마을만들기 주민 네트워크가 발족된 사례와 매뉴얼을 제시하고, 아파트 단지에서 아파트 공동체 사례와 매뉴얼을 제시하고 있다.

박원순은《마을이 학교다》에서 풀무학교, 성미산 학교, 이우학교, 하자센터 등 대안학교, 남한산초등학교와 같은 공교육의 대안 사례, 기차길옆작은학교와 같은 청소년 교육공동체, 사교육걱정없는세상, 참교육을위한전국학부모회 등과 같은 새로운 교육모델을 제시하고 있다.[12] 토건국가를 넘어서서 가족이나 학교가 돌봄과 보살핌의 공동체, 배움의 공동체가 되어 마을을 살리는 길을 제시한 책도 있다.[13]

2) 마을(도시와 농촌)을 살리는 경제: 마을 회사[14]

마을을 살리는 경제 가운데 대표적인 것이 마을 카페 등과 같은 사

---

11) 위의 책, 20-21.
12) 박원순,《마을이 학교다: 함께 돌보고 배우는 교육공동체》(서울: 검둥소, 2010/2011)
13) 조한혜정 외 지음,《가족에서 학교로 학교에서 마을로: 돌봄과 배움의 공동체》(서울: 또 하나의 문화, 2006)
14) 협동조합에 대해서는 황홍렬, "협동조합에 대한 이해와 그 확산을 위한 교회의 선교

업과 협동조합과 같은 사회적 기업이 있다. 서울 서대문구 홍제동에 자리잡은 마을기업 A카페는 2011년 11월 행정안전부의 마을기업 공모에 선정되면서 문을 열었다. 서대문 일대에서 독거노인 반찬나눔 등 자원봉사 활동을 벌이던 주부들이 주축이 되어 바리스타 교육을 받은 후 카페를 열었다. 마을 카페 경제의 핵심은 매출이 아니라 카페를 통해 마을 사람들 사이의 관계망을 만들고, 마을 내에서 돈이 순환될 수 있다면 이는 돈으로 환산할 수 없는 무형의 자산이 된다고 본다. A카페는 커피를 파는 것이 아니라 사람을 만나게 하는 것, 즉 마을 사랑방이 되게 하는 것이 목표다. 마을기업도 지속가능성을 위해 수익원 확보를 위해 노력하고 있다.

서울 도봉구 방학동에 위치한 '세움 카페'와 '목화송이'는 2011년 도봉구 마을기업 1호로 선정되었다. 여성건강과 환경보호를 위해 대안생리대 사용 캠페인을 벌이는 시민단체인 '피자매연대'로부터 기술을 배운 주민이 면 생리대 제작과 판매를 하는 '목화송이'라는 협동조합을 만들었다. 2012년 1월 기준 월 매출은 1,200만 원이었다. 라오스에 있는 씨씽들에게 넌 생리대를 보내 석이 있고, 앞으로는 북한과 아프리카 여성들에게 면 생리대를 보내려 한다. 한 조합원은 "하고 싶은 일을 하면서 즐겁게 살아보려고 '목화송이'에 들어오게 됐다"고 하였다.[15]

2007년 희망제작소는 완주군청과 공동으로 완주 커뮤니티 비즈니스 센터를 만들어 운영해 왔다. 그 후 100개의 마을회사가 완주군에 만들어졌고 점차 매출과 성장을 거듭하고 있다. 이 개념이 전국으로 확산

과제", 대한예수교장로회 총회 온생명생협발기인회, 신학자문위원회, 「생명선교와 협동조합운동: 온생명소비자협동조합 창립총회 기념자료집, 2015」, 88-134와 자료집에 실린 논문들을 참조하시오.
15) 도봉구 목화송이와 서대문구 A 카페, "착한 소비를 위한 마을기업의 도전" 오마이뉴스 특별취재팀, 《마을의 귀환: 대안적 삶을 꿈꾸는 도시공동체 현장에 가다》 140-151.

되었고 최근에는 중앙정부도 마을기업을 추진하고 있다. 커뮤니티 비즈니스 사업(마을회사)은 희망제작소가 전국을 돌면서 "자기 지역의 고유한 자산을 기초로 다양한 사업을 벌이면서 지역 경제의 미래를 만드는 독특한 사람들"을 만나면서 시작되었다. "우리의 전통적 지혜와 마을의 특성을 살려 내는 사업들이 얼마든지 가능하고 이것이 대한민국 경제의 미래를 만들 수 있다고 확신"하면서 제안된 사업이었다. 이런 사업이야말로 "지역 경제의 든든한 버팀목이며 그것이 동시에 마을의 일자리 창출, 마을 공동체의 형성, 지역 복지의 근간임을 알게 되었다."

《마을회사》는 전통적 제염방식을 사용한 소금, 지역산 돌미역 등을 통한 향토적 기업들, 식품가공에서 대안을 찾은 마을회사들, 윤리적 소비를 하는 단체, "시민경제, 시민자본, 대안경제를 만들어 내는 소중한 씨앗들"인 협동조합을 대안으로 제시한다.[16] 전남 광양 다압면 매화마을에서 청매실농원을 운영하는 홍쌍리 여사는 "땅이 살아야 농민과 도시민이 아름다운 만남을 이룰 수 있다고 믿"어서 "유기농법으로 땅을 살려 밥상을 약상으로 만들려고 긴 세월을 노력했다." 이처럼 "농촌 (마을)의 희망은 신념을 가지고 인내를 하는 농민에게서 나온다."[17]

인터넷을 통해 유기농산물을 판매하는 '무공이네'는 신뢰를 가장 중요시한다. 자신이 신뢰를 받기 위해서 "착한 생산자, 현명한 소비자, 투명한 유통업체가 함께 유기농의 참뜻을 실천해야 한다." 왜냐하면 "유기농은 생명을 존중하고 세상을 더불어 살아간다는 뜻이기 때문이다." "그래서 무공이네는 유기농 상품 유통을 넘어 유기농의 뜻을 함께 나누는 활동을 해왔다."[18] 그러나 농촌 마을을 살리기 위해서는 농협이 농민을 위한 농협으로, 금융사업보다는 경제사업에 주력하는 농협으로 개혁

---

16) 박원순 지음,《마을회사: 공동체를 살리는 대안 경제》(서울: 검둥소, 2011), 6-9.
17) "매화꽃과 함께 울고 웃는 홍쌍리 여사 - 청매실농원" 위의 책, 107-115.
18) "유기농 상품보다 유기농 생활을 팔아요 - 무공이네" 위의 책, 149-165.

되어야 할 뿐 아니라 정부의 농업정책이 근본적으로 바뀌어야 한다.[19]

그럼에도 불구하고 전북 진안군청에서 마을만들기를 담당하는 공무원 구자인 박사(마을만들기 전공, 농학박사)의 사례는 의의가 크다. 그는 주민과 행정 사이에 가교 역할, 즉 주민에게 행정 정보를 알려주고 행정에서는 주민의 의견을 관철하는 코디네이터 역할을 통해 주민이 주도하여 밑에서부터 마을을 만들어 가는 일을 지원했고, 이런 역할을 할 '마을 간사' 제도를 도입하여 귀농자 가운데서 마을 간사를 선발하여 2년간 12명을 훈련하여 6명을 정착시키는 데 성공했다. 그는 "주민들이 스스로 문제를 인식하고 풀어가는 것이 마을만들기의 핵심이라고 말한다." 이를 위해 마을 간사를 키워낸 것에 그는 어느 정도 성공했다.[20]

'협동조합의 성지' 라 불리는 원주는 1954년 장일순을 중심으로 교육운동을 전개했고, 1965년 지학순 주교와 함께 교육사업을 통해 주민을 의식화시키려 했다. 1966년부터 신용협동조합과 소비자협동조합을 시작했고, 1970년대에는 생명운동과 가톨릭농민운동을 전개했다. 1980년대에 원주는 유기농산물을 직거래 하는 소비자협동조합운동을 전개했다. 2002년 여러 협동조합들이 모여 원주의료생협을 창립했다. 2003년에 원주협동조합운동협의회를 창립했다가 이를 2009년에는 원주협동사회경제네트워크로 확대했다. 원주협동조합운동협의회는 경제적 활동 뿐 아니라 소식지를 발간하고, 시민문화강좌를 진행하고, 2005년에 친환경 농업지원 육성을 위한 조례, 학교급식조례, 보육조례 등 3대 조례제정운동을 벌였다. 이처럼 협의회와 네트워크는 "조합원, 회원, 노동자만의 역량 강화가 아니라 원주 지역사회의 강화를 목표로 삼고 있다." 이는 지역사회의 자급을 위한 것이다. 이는 "협동조합운동이 단순히 조

---

19) "협동조합 이념대로 농민을 위하는 농협 - 충북 옥천 농협" 위의 책, 241-249.
20) 구도완 지음,《마을에서 세상을 바꾸는 사람들: 생태적 대안운동을 찾아서》, 130-139.

합원의 이익을 위한 조직이 아니라 자급의 관점을 지역사회에 실현하려는 조직임을 보여준다." 즉, 원주의 협동조합들과 사회적 기업들은 상품과 서비스를 생산할 뿐 아니라 호혜적 관계를 만들고, 조례 제정 등을 통해 풀뿌리 민주주의를 활성화시키며, 녹색도시, 대안사회를 만들기 위해 노력하고, 로컬푸드나 대안에너지운동 등 거대 자본에 대항하여 주민참여의 지역경제를 활성화시키고, 자연 생태계와의 조화를 이루는 그린 비지니스를 확대하여 생명도시를 만들려고 노력하고 있다.[21]

3) 마을을 살리는 문화

문화와 예술로 활력을 되찾은 전통시장이 있다. 1970-80년대 산업화의 메카였던 구로공단이 사라지면서 침체기를 맞았던 서울 금천구 남문시장은 재래시장이었다. 이 시장이 활력을 되찾은 것은 2011년 문화체육관광부의 전통시장 활성화 사업인 '문전성시 프로젝트'가 시작되면서부터다. 문화사업단은 초기에는 상인들과 친해지는 과정을 거쳤다. 2011년 5월 '시장통 문화학교'라는 이름으로 기타와 밴드, 합창, 중국어, 풍물과 스윙 댄스 등 동아리 활동을 했다. 2012년 7월에는 남문시장 동아리 발표회를 열었다. 2011년 12월부터 5개월 동안 상인들과 예술가들의 만남이 이루어져 5개 점포에 각각 예술가 1명이 파트너로 참여해 다양한 아이디어를 통해 매출에 기여했다. 이러한 시장통 문화학교, 시장 축제 등을 통해 상인들도 모르는 사이에 시장 공동체를 이루어가고 있다.[22]

부산의 반송마을은 벽화그리기를 통해 마을만들기가 초기에 큰 동

---

21) 하승우, "자립의 행복과 한국의 협동공동체", 88-95.
22) "문화와 예술로 활력을 되찾은 전통시장: 금천구 남문시장", 오마이뉴스 특별취재팀, 《마을의 귀환: 대안적 삶을 꿈꾸는 도시공동체 현장에 가다》, 110-119.

력을 얻었다. 1997년 '반송을 사랑하는 사람들' 회원은 옹벽이 너무 지 저분해 벽화를 그리기로 하고 높이가 높아 전문가에게 맡겼다. 완성된 후 주민들의 반응이 좋았고, 주민들이 스스로 할 수 있다는 자신감을 얻 게 되었다. 1998년에는 회원들 스스로 동화를 주제로 벽화를 제작했다. 이후에 회원들은 놀이터와 공터, 초등학교 벽에 벽화를 그렸다. 이를 통해 주민 스스로 주체로 나서서 자신의 손때가 조금이라도 묻게 되면 마을을 사랑하게 된다는 것을 배웠다.[23]

4) 생태마을로의 전환: 마을, 생태가 답이다

마을에 사는 주민들의 삶의 방식 뿐 아니라 마을 전체를 생태적으로 전환시키는 것을 지향하는 생태마을은 현대사회의 대안을 생태로 이해한다. 박원순의 《마을, 생태가 답이다: 환경을 생각하는 생활문화공동체》는 생태 자체를 중심으로 만드는 마을, 생태 체험 관광으로 자연도 살아나고, 주민의 살림살이도 살아난 마을, 도시 농업을 전개하는 도심 속 마을, 친환경 신재생 에너지를 마을만들기에 접목시키는 마을 등, 생태학교, 생태마을, 체험 관광 마을, 에너지 자립마을이나 공동체를 소개한다. 연두농장의 변현단 대표는 '농업' 이라는 말조차 농사일을 하나의 사업으로 보기 때문에 '농업' 대신에 '농' 을 제시한다. 그가 말하는 '농' 의 철학은 삶의 대안으로 화폐가 필요 없는 농, 삶을 치유하는 농, 자본의 논리에서 벗어나는 삶을 지향한다. 농업으로 경제적 자립을 꾀하는 것도 결국 자본에 종속되는 것이기 때문에 필요한 것은 그 종속의 고리를 끊는 삶이 농에 있다고 믿는다. 그는 처음에는 기초생활수급자들과 함께 연두농장을 시작했지만 그들 대부분은 스스로 가난해지기를

---

23) 고창권 지음, 《반송 사람들: 대도시에서 지역공동체를 가꾸는 사람들 이야기》(부산: 산지니, 2005/2006), 46-55.

원치 않았고 편리한 삶을 추구하고, 소비의 욕망의 포로가 된 것을 보았다. 그는 이런 인식의 전환이 가장 어려운 일이라 했다. 연두농장이 중요시 하는 것은 순환형(전통) 농업, 토종 종자 보유, 어린이와 청소년을 위한 생태교육 등이다.[24]

경북 의성군 교촌이 '교촌체험마을'로 거듭난 계기는 교촌초등학교가 1994년에 폐교된 것이었다. 시골 마을은 보통 학교가 마을의 구심점인데 폐교되면서 구심점이 사라졌다. 2002년 주민 총회를 열어 폐교를 수련원으로 활용하자고 뜻을 모았고 56명의 주민이 1억 8천만 원을 모아 폐교를 구입했다. 주민들은 마을을 살리기 위해 외부에 컨설팅을 받았고, 전국에서 최초로 사무장 제도를 도입해 대구 '놀이디자인연구소'의 송종대 씨를 사무장으로 초대했다. 그는 농촌 체험의 본질에 대해 고민하다가 자기 완결구조라 결론을 내렸다. 즉, "과거의 농촌은 식료를 생산하며 소비하고, 에너지를 생산하면서 소비하고, 문화를 생산하고 소비하는 등 마을 안에 완결구조를 가지고 있었"다. 따라서 농촌체험은 "소득을 늘리는 것이 아니라 농촌 마을의 자기 완결적 구조를 통해 산업사회의 문제를 해결하는 실험을 하자는 식으로 접근"했다.

그는 교촌농촌체험학교 프로그램을 통해 자연과의 만남을 시도했다. "자연은 어머니의 품과 같아 경쟁 사회 속에서 상처 받은 사람들을 품어 줄 수 있다는 개인적 확신"을 갖고 진행했다. 농촌 체험 프로그램의 방향을 "무엇이든지 스스로 하고 전래 놀이를 복원하는 것"으로 정했다. 놀이 전문가인 그는 전래 놀이가 형식은 있지만 내용이 없는 것을 알고 있었다. 즉 놀이의 내용을 주변의 자원에서 가져온다는 전제가 있다. "체험의 시작과 준비와 과정과 내용을 모두 스스로 하도록 하고 있

---

24) "농에서 대안을 찾다 – 연두농장" 박원순, 《마을, 생태가 답이다: 환경을 생각하는 생활문화 공동체》(서울: 검둥소, 2011), 31-47.

다. '농촌올림픽'은 농촌 농기구나 도구들을 이용한 운동회다. '이장님 숙제'는 체험객들로 하여금 마을 주민들과 관계를 맺게 한다. 이렇게 해서 할머니와 할아버지가 이 시대 선생님으로, 교육의 주체로 복귀시키고 있다. 그는 교촌체험마을의 가장 큰 성과로 마을 공동체의 회복을 들고, 참된 마을만들기는 단순히 소득을 늘리거나 주민 수를 늘리는 것이 아니라 마을 주민이 행복한 마을을 만드는 것이라고 한다.[25]

경남 산청 '민들레공동체'는 대안학교인 '민들레학교'와 친환경 천으로 수공예품을 만드는 '민들레공방', 마을기업으로 문을 연 '민들레베이커리', 에너지 자립을 돕는 '대안기술센터'로 이루어져 있다. 대안기술센터는 "대안기술을 통해 공동체의 온전한 자립을 돕는 한편, 지속 가능한 미래를 만들기 위한 대안을 고민하"고 있다. 공동체 대표 김인수 박사는 신앙 공동체로 시작했다가 농촌으로 들어오면서 마을 기반의 활동으로 변화하면서 "사람이 살만하고, 외부의 자본이나 어떤 힘에도 휘둘리지 않는 지속 가능한 마을을 만들어 나가고 있"다. 대안기술은 적은 에너지로 누구나 쉽게 만드는 기술로 공동체의 자립을 위한 근간이 되고, 생태적 삶을 살게 하며, 제3세계 빈곤 문제에도 도움이 될 수 있다. 기술과 에너지 뿐 아니라 장기적으로 소비를 줄여 나가며 삶의 형태를 바꾸는 일이 동반 되어야 한다. "기술과 문화, 삶의 스타일 전체가 함께 바뀌고 함께 가는 살아 있는 모델로서의 공동체 마을 전체가 교육장"이다. 대안 자립 공동체로 거듭나기 위해 중요한 것은 "에너지 관점에서의 지속 가능성뿐만 아니라 공동체 자체의 지속가능성, 생산과 소비의 자립성과 지속 가능성"이다. 민들레공동체와 대안기술센터는 다음 세대의 대안적 모델이 되기 위해 "새로운 경제 시스템과 인간의 본성에 대한 새로운 도전과 모험"을 함께 안고 가려 한다.[26]

---

25) "성공적인 농촌 체험 마을 - 경북 의성군 교촌체험마을" 위의 책, 97-111.
26) "온전한 자립을 꿈꾸다 - 민들레공동체" 위의 책, 263-275.

5) 마을을 살리는 생활정치

서울 성북구 김영배 구청장은 민선 5기(2010-2014) 선거 슬로건을 '권력정치에서 생활정치로의 패러다임 전환'을 내세웠다. 구청장으로 당선된 후 그는 마을 공동체의 회복, 이웃을 돌보고 배려하는 복지공동체 형성, 아동친화안심도시 형성 등의 시대적 과제에 직면했다. 그는 이런 문제들에 직면해서 시민의 권리를 보장하고 그 권리를 실현하는 과정을 돕고 지원하는 것이 정부의 책임과 의무라고 여겼다. 시민과 정부의 관계는 권리와 의무의 관계라고 보았다. 인권 도시를 위한 조례 제정과 주민인권선언, 주민참여예산제, 열린정책토론회, 각종 아카데미 등 많은 시도와 노력들이 사람의 도시를 향한 주춧돌이 되었다. 그는 권력을 "마을에서 시민의 생활을 지키는 공공성의 파수꾼"으로 이해한다. 이 시대가 요구하는 정치를 "공공성의 정치, 생활정치, 마을정치"라고 했다.[27]

성북구는 2013년에 우리나라 최초로 유니세프에 의해 아동친화도시로 선정되었다. 유엔아동권리협약은 시민적 권리의 주체로서 아동의 생존권(친환경 무상급식), 보호권(구립돌봄센터), 발달권(자기주도학습센터), 참여권(어린이청소년의회 운영) 등을 제시하고 있다. 성북구는 자치구 최초로 2011년 인권 전담부서를 신설하고, 인권증진기본조례를 제정하여, 인권교육 및 인권영향평가를 제도화 하는 등 인권도시로 거듭났다. 2013년 개관한 성북아동청소년센터는 관내 160여 개 아동·청소년 교육·복지시설 간 네트워크를 구축하여 통합 서비스를 제공하는 허브 역할을 하고 있다. 성북구는 2012년 '오신가스 없는 성북'을 선언

---

27) 김영배 지음, 《작은 민주주의 사람의 마을: 동네 안에 국가 있다, 그 두 번째 이야기》 (서울: 너울북, 2014), 16-21.

하고 '에너지 절약이 곧 발전'이라는 개념을 도입해 '성북절전소'를 운영하고 있다. 2012년 3개소를 시작으로 2013년 28개소가 운영 중이다. 사회적 양극화 해소의 출발로 2013년부터 전국 최초로 생활임금제를 시행하고 있다. 2012년 11월부터 '안심귀가 마을버스' 제도를 운영하고 있다. 이 제도는 밤 10시 이후 마을버스가 정류장이 아닌 곳이라도 귀가가 편한 곳에 하자하도록 운영하는 제도다. 사회적 기업, 마을기업의 자생력을 갖추도록 하기 위해 '사회적 경제제품 구매촉진 및 판로지원에 관한 조례' 제정, '사회적 경제제품 의무 구매 공시제'를 통해 사회책임 조달제도를 수립했다. 성부구는 사회적 기업 허브센터와 사회적 경제과 신설을 통해 사회적 경제를 선도하는 사회적 경제 클러스터를 구축 중이다. 2010년 본격적으로 시작된 마을만들기 사업은 도시아카데미를 통한 교육사업을 시작으로 마을만들기 지원조례제정, 마을만들기 사업 전담팀 구성, 마을만들기 지원센터 개소 등을 통해 2012년과 2013년 연속으로 마을공동체사업 서울시 최우수구로 선정되었다.[28]

6) 통합형

'마을만들기' 하면 떠오르는 대표적 마을 중의 하나가 서울 성미산 마을이다. 그런데 성미산 마을은 공동육아로부터 먹거리로, 먹거리로부터 마을기업으로, 방과후 교육에서 대안학교로, 그리고 생태 환경운동과 마을축제, 문화와 예술로까지 확대되어가며 이루어진 과정이자 결과물이다. 이런 전환에서 생협은 중요한 역할을 담당했다.[29] 이렇게 마을이 만들어지는 과정을 가족의 관점에서 보면 "재현아 너 한번 잘 키워 보겠다고 성미산 마을로 이사 왔는데 실은 엄마 아빠가 훌쩍 커 버렸다"[30]는

---

28) 위의 책, 367-387.
29) 유창복 지음, 《우린 마을에서 논다》(서울: 또하나의 문화, 2010), 45.

저자의 고백처럼 마을의 형성과 발전은 또한 마을 주민들, 가족의 성장과 성숙을 동반한다. 그런데 주민들의 욕구에 따라 다양한 활동을 전개하는 과정은 순조롭지만은 않았다.

그러나 성미산 마을은 주민들 사이의 갈등 뿐만 아니라 성미산을 배수로 용지로 개발한다는 서울시(상수도사업본부)와 학교 부지로 개발한다는 홍익대학교를 상대로 개발 반대 투쟁을 했다. 특히 서울시와는 120일 산상 철야 농성을 하며 백골단과 싸우기도 했고, 포클레인을 멈추게 하기 위해 맨 몸으로 저항하기도 했다. 이 과정에서 공동육아 식구들(마을 형성하는 주체)과 지역 어르신들(원주민들)과의 화해가 이루어졌다.[31] 그리고 산을 지키는 싸움인줄 알았는데 결국 산이 주민들을 살리는 체험을 했다.[32] 주민들과 산의 화해가 이뤄졌다. 대안학교의 경우 세 번 엎어지는 어려움을 겪으면서 완성되었다. 대안학교 교사들 사이의 갈등, 교사와 학부모 사이의 갈등, 마을 학부모와 마을 밖 학부모 사이의 갈등을 겪은 후에 정착하게 되었다.[33]

3. 마을만들기의 특징

마을만들기는 이름과는 달리 일부 주민들에 의해 기획되어 마을이 만들어지기보다는 주민들의 욕구에 대응하다가 자연스럽게 형성되고 때로는 주민들이 마을의 형성을 의식하지 못할 정도로 만들어지는 경우가 있다. 성미산 마을이 그런 경우다. "우린 한 번도 '마을을 만들어 보겠다' 고 미리 모여 계획하거나, 소위 '청사진' 이란 것을 그릴 시간도 주

---

30) 위의 책, 9.
31) 위의 책, 51.
32) 위의 책, 96.
33) 위의 책, 147-156.

변도 그리 없는 사람들이었다.'" "일하는 엄마들에게 무엇보다 간절한 종일반 어린이집을 만들면서 그 주변에 모여 살게 되고, 그도 부족하여 야근하는 엄마들을 위해 품앗이 육아망이 절로 생겨나고, 지역과 함께 자라고 싶어 방과후교실에 대안교육까지 시도하고, 기존 제도교육에 회의를 느끼던 엄마 아빠들이 팔 걷어붙이고 같이 하겠다 모여들어 시작된 마을이"다. '성미산마을'이라는 이름도 "우리가 스스로 명명한 것이 아니다. 나름 그 '업계'에선 유명한 '성미산투쟁' 이후 시민사회에서 우리를 '성미산 지킴이' 나아가 '성미산마을'로 부르기 시작한 것이다."[34]
모든 마을이 이렇게 만들어지는 것은 아니지만 프로젝트를 통해 마을을 만든다는 것은 어불성설이다. 마을만들기는 성미산마을처럼 절박한 필요를 느끼는 주민들이 자발적으로 대안을 만들고 다음에 생기는 또 다른 문제를 해결하기 위해 관련 주민들의 관계가 심화되고 친밀해지면서 다른 주민들이 필요에 의해 동참하고 자연스럽게 확대되어 나아가는 과정이자 결과다. 그래서 마을의 형성과 성장은 주민들의 성장과 주민들의 신뢰 관계의 형성과 친밀한 관계망 형성 및 관심사에 따른 다양한 이웃 관계망의 네트워크라 할 수 있다.

둘째, 마을만들기는 자발성 못지 않게 마을 주민들의 관심사나 마을이 처한 상황에 따라 접근방식이나 시작점 등에 있어서 다양성을 지닌다. 공동육아나 자녀교육의 문제 해결이나 대안교육을 통한 마을만들기, 마을기업을 통해 마을의 경제살리기로서의 마을만들기, 대안문화를 통한 마을만들기, 지역주민의 자치공동체의 생활정치를 통해 풀뿌리민주주의를 실현하려는 마을만들기 등 다양한 접근방식이 있다. 마을만들기의 시작점은 성미산마을의 공동육아와 어린이집의 학부모들, 청주의 평화샘 프로젝트의 마을공동체연구소, 주민과 군청 사이에 다리를 잇는

---

34) 위의 책, 16-17.

진안군청의 공무원 구자인 박사, 협동조합의 조합원이나 마을회사의 사장, 교촌체험마을의 주민들과 사무장 송종대 씨, 서울 성북구 김영배 구청장 등 다양하다.

 셋째, 마을만들기는 대안사회와 대안적 가치들도 중요시 하지만 그런 목표를 이루는 과정으로서 주민들 사이의 소통과 신뢰와 친밀한 관계, 마을 내 다양한 공동체의 개방성을 중요시한다. 여러 마을이나 공동체에서 남녀노소, 사제지간에도 이름이나 직함 대신 별명을 부른다. 마을을 살리는 학교나 마을기업이나 생태마을은 모두 실적, 결과 못지않게 그 과정에 이뤄지는 주민들, 구성원들 사이의 소통과 신뢰관계, 궁극적으로는 마을의 회복과 성장, 그 안에서 성장하는 주민들의 행복을 지향한다. 넷째, 마을만들기는 마을을 살리는 학교든 마을회사든 생태마을이든 대안문화든 생활정치든 인적, 물적 자원을 마을 안에서 찾으려는 자족성을 지닌다. 간혹 외부에서 인적, 물적 자원을 빌려오더라도 마중물의 역할을 하는 경우가 대부분이다. 바꿔 말하면 자족성은 마을의 주민들이 주민 스스로에 대해, 마을의 자원과 문화 등에 대해 신뢰하고 있음을 뜻한다.

 다섯째, 마을만들기에서 주민들이 어느 한 관심사로부터 다양한 관심사들로 발전하는 계기는 자녀양육과 교육인 경우가 많다. 이는 직업이나 관심사나 계층적으로 다양한 학부모들이지만 자녀교육은 주민들을 묶어줄뿐 아니라 교육을 토대로 마을의 다른 문제로 넘어가는 디딤돌을 마련해 주기 때문이다. 여섯째 마을만들기는 주민들의 창의성에 기대는 경우가 많다. 마을기업만 "남들이 가지 않는 새 길을 개척한다는 것"[35]이 아니라 마을을 살리는 학교활동이나 대안문화활동, 생태마을,

---

35) "매화꽃과 함께 울고 웃는 홍쌍리 여사 - 청매실농원"《마을회사: 공동체를 살리는 대안 경제》109.

생활정치 등 어느 하나도 똑같은 과정이나 결과를 보여주지 않는다. 이는 마을의 상황 뿐 아니라 주민들의 의식이나 가치관, 열정의 차이, 그리고 마을 안 다양한 공동체의 관계, 주민들의 신뢰 관계 정도 등이 다르기 때문이다.

마지막으로, 마을만들기는 다양한 관심사를 해결하는 과정과 다양한 공동체의 활동을 통해 마을이 이루어지고, 마을의 활동이나 관심영역이 커져가는 통합성을 지닌다. 마을만들기의 역사가 오래된 마을을 위에서 통합형으로 제시한 이유도 여기에 있다.

4. 마을만들기의 의의, 과제와 한계

1) 마을만들기의 의의

마을만들기는 위로부터의 근대화, 산업화, 도시화로 인한, 신자유주의 세계화로 인한, 기후변화로 인한, 분단으로 인한, 개인주의와 이기주의, 계급차별, 성차별, 인종차별 등으로 인한 사회적 문제들에 대응하는 주민들의 아래로부터의 대응이다. 둘째, 마을만들기는 대안사회와 대안적 가치를 추구한다. 주민들의 아래로부터의 대응은 국가 권력의 일방적 지배로부터 벗어나 분권화된 자치공동체로 거듭나 풀뿌리 민주주의를 지향하고, 시장의 경제주의로부터 벗어난 마을 단위로 상호 호혜와 재분배를 강조한다. 마을의 인적·물적·문화적 자원에 기반한 사회적 경제활동을 통해 자족할 수 있는 규모의 경제를 지향하고, 소비주의 문화나 획일적 일방적 문화를 벗어나서 개인의 정체성과 지역의 공동체를 살리는 문화를 지향한다. 입시지옥, 사교육과 경쟁으로부터 벗어나 소통, 참여, 돌봄과 배움의 공동체로 거듭나는 학교, 가족과 학교와 마을이 열린 보살핌과 돌봄(복지) 망을 지향하고, 소외와 배제와 승자 독식의 사회 관계가 아니라 소통과 나눔과 상호 호혜의 이웃 관계를 지향한다. 주민의 삶의 방식 뿐 아니라 로컬푸드, 대안에너지운동, 그린비지니스 등을 통해 마을을 생태적으로 재구성하는 생태마을을 지향한다.

셋째, 마을만들기는 대안사회와 대안적 가치를 지향하되 마을 주민들이 그런 사회와 가치를 이루는 다양한 방법을 용납하고 가치의 우선순위나 관심사에 따른 다양한 소공동체를 존중한다. 바꿔 말하면 마을은 소공동체들의 네트워크로 이해될 수 있다. 그렇지만 관심사에 따라 강한 연결망이 있고, 약한 연결망이 존재한다. 생태계가 강한 연결망과 약한 연결망이 공존하고 서로 연결되어 순환하는 상태를 가리키는 것처럼 "마을 역시 강한 연결망과 약한 연결망이 서로 연결되어 공존하는 사람들의 관계망이다."[36] 공동체는 함께 지향하는 가치나 목적을 구심점으로 형성되지만 구성원들 사이의 코이노니아가 또 다른 초점이기 때문에 공동체 안의 다양성을 수용할 수 있다. 이처럼 마을은 소공동체들의 네트워크라 할 때 지향하는 가치의 우선순위의 차이나 그를 성취하려는 방법의 차이에도 불구하고 공동체나 마을이 유지될 수 있는 것은 구성원(주민들) 사이의 코이노니아 (친밀한 신뢰 관계) 때문이다. 따라서 마을만들기에서 중요한 것은 드러난 가치나 지향하는 대안사회 못지 않게 마을 주민들 사이의 신뢰 관계와 친밀한 관계다. 그래서 마을만들기의 가장 큰 성과를 마을 공동체 회복이라고 한다. 이런 측면에서 보면 내 아이를 가장 잘 키우는 방법은 내 가정과 내 학교만 바로 세우는 것이 아니라 가정과 학교와 마을(지역사회)이 내 아이와 마을의 모든 어린이, 청소년을 향해 열린 관계를 형성하고, 삼자간 대화와 소통이 이루어지

---

36) 서울시 마을공동체 종합지원센터, 《마을을 말하다》(서울: 서울시 마을공동체종합지원센터, 2015), 12.

고 모든 아이와 청소년을 돌보는 네트워크 구조를 형성하는 것이다.

넷째, 마을만들기는 아래로부터의 자급과 자립을 통해 자기 완결적 마을을 지향한다. 먹거리를 생산하고 소비하며, 에너지를 생산하고 소비하고, 문화를 생산하고 소비하되 마을 주민들이 스스로 하고자 노력한다. 이런 면에서 마을만들기는 도시보다 농촌이 유리하다고 할 수 있다. 도시농업이나 도시의 다양한 시도도 중요하지만 생태마을은 농촌에서 활성화되고 있다. 다섯째, 마을만들기는 마을의 엘리트나 관에 의해 주도되는 것이 아니라 '아래', 즉 마을의 '보통' 주민들에 의해 이루어진다. 부산의 반송마을은 철거민들의 집단 이주민 마을로, 교통문제와 교육문제로 많은 사람들이 마을을 떠나 남은 주민들은 소외감으로 마음의 상처를 받았다. 그렇지만 일부 주민들이 '반송을 사랑하는 사람들'이라는 모임을 만들어 소식지를 만들고 벽화를 그리고 다양한 만남과 문화행사, 축제 등을 통해 주민들이 마을에 애정을 갖도록 하였다.

'산업폐기물매립장반대운동'을 통해 주민들이 단결하게 되고, 풀뿌리 민주주의인 지방선거에서 지방의원을 당선시켰고, 마을주민들이 힘을 모아 교육·복지·문화가 함께 하는 좋은학교 만들기 등을 통해 부산시가 후원한 주민자치박람회에서 최우수상을 받았다. 지금까지 소외된 마을의 대명사였던 반송마을이 "이제 자신의 삶의 주인으로, 마을의 주인으로 당당하게 나섰다. 적어도 그 순간만큼은 우리 마을이 부산에서 최고였"다.[37] 여섯째, 마을만들기는 주민이 주체가 되어 이루는 것이지만 주민만으로 이루어지는 것이 아니라 주민과 관이 협력하여 마을의 목적을 이루는 협치, 거버넌스로 이루어진다.

---

37) 고창권 지음, 《반송 사람들: 대도시에서 지역공동체를 가꾸는 사람들 이야기》, 204.

2) 마을만들기의 과제

　마을만들기의 가장 큰 과제는 관 주도를 극복하고 주민이 주체가 되는 길이다. 마을만들기 사업이 주민의 자발성을 끌어내지 못하는 이유에 대해 문재현은 네 가지 이유를 제시한다. 첫째, 사업의 주체가 공무원, 학자, 단체 활동가이고, 주민들은 들러리가 되기 때문이다. 그러다 보니 마을 상황에 따라 사업에 변화가 요청될 때 유연하게 대응하기 어려워 돈만 낭비하거나 오히려 돈 때문에 주민들 사이에 갈등이 생겨 공동체가 깨지는 경우도 있다. 구체적으로 주민들 중 가족이 함께 변화하는 것이 중요하다. 왜냐하면 가족은 마을의 모든 세대와 소통할 수 있는 연결고리가 될 수 있기 때문이다. 둘째, 마을만들기 사업의 단위가 대부분 시·구 단위, 기초자치 단체를 중심으로 진행되는 것도 문제다. 그렇게 큰 단위에서는 마을 주민들의 실존적 상황과 그런 상황에서 발생하는 문제들이 잘 보이지 않는다. 그런 단위에서 만들어진 사업이 마을 주민들의 내적 요구와 교류의 계기가 될 수 없는 것은 당연하다. 진정한 공동체 운동은 자기 돈과 시간, 손과 발을 놀려서 공동체에 참여하고 이를 통해 공동체 구성원으로서 정체성을 함께 구성하는 것이다.

　셋째, 예산을 지원받는 사업이 마을공동체를 살릴 수 있는지도 검토해야 한다. 소소하게 즐기는 일상 대화와 거기서 기쁨을 얻는 것이 공동체다. 소소한 대화가 이루어지지 않는 사이에서 사업만 하려고 할 때 개인의 욕구와 심리가 존중되지 않기 때문에 마음이 열리지 않고 인간관계가 갈등으로 접어든다. 반면에 소소한 대화가 통하면 어렵고 복잡한 문제도 별 갈등 없이 해결된다.

　넷째, 마을만들기라는 말의 문제다. 진정한 마을공동체를 이루기 위해서는 먼저 마을 사람이 되는 것으로부터 시작해야 한다.[38] 유창복은 관 주도의 마을만들기 정책의 문제로 칸막이 행정, 형식적 거버넌스, 조급한 성과주의들을 들고, 대안으로 주민 주도형 마을만들기, 주민 주도를 위한 행정개선, 지원 절차에서 준비 과정을 지원하는 인큐베이팅제 (교육, 상담지원) 도입, 깔대기식 지원, 포괄예산제 도입 등을 제시했다. '마을스러운' 평가지표로 과정 중심 평가, 사람 성장 평가, 질적 평가지표를 제시했다.[39]

마을만들기에서 경제적 자립은 성취하기 가장 어려운 목표 중 하나다. 사회나 마을은 사회적 경제만으로 유지되기 어렵기 때문이다. 시장경제와 공공 경제, 사회적 경제와 생태경제가 조화를 이루어야 한다. 그렇지만 사회적 경제의 비율이 전체 경제에서 차지하는 비중이 높고, 전체 사용 에너지 중 친환경 자연재생에너지의 비율이 높은 것은 삶의 질을 높이고 마을의 지속가능성을 증가시킨다. 이동수는 공동체(마을)의 문제점으로 인간에 대한 낙관적 이해와 주도하는 그룹의 교육수준이 높은 중산층으로 일차 집단화할 우려를 제시하면서 대안을 '비어 있는 공간'으로 제시했다.[40] 우선 마을만들기 같은 사업/활동은 인간 본성에 대해 낙관주의적 태도를 갖는데 이는 지나친 장밋빛 전망이라고 비판했다. 또 세계적으로 많은 공동체들은 교육 수준이 높은 중산층이 다수로 동질 집단인 경우가 많아 낯선 이방인들을 모임이 공동체가 이방인들과 어떻게 함께 사는가에 대한 기술로서의 정치와 어울리지 않는다고 비판한다. 성미산마을은 다양한 과정을 거치면서 이질적인 주민들이 함께 마을 주민이 되어가는 것을 본다. 특히 '성미산 투쟁' 당시 마을 어르신

---

38) 문재현·신동명·김수동 지음, 《아이들을 살리는 동네: 참여·소통·보살핌의 공동체》, 24-27.
39) 유창복 서울시 마을공동체 종합지원센터장, "관이 아닌 주민을 위한 마을만들기", 164-169.
40) 이동수, "행복과 탈근대적 공동체" 이동수 편, 《행복과 21세기 공동체: 글로벌 대안 공동체 현장을 가다》, 37-39.

들이 투쟁하는 '주민들'을 지지함으로써 하나의 공동체를 이룬 것은 시사하는 바가 크다.

마을(공동체)이 대안사회나 대안적 가치만 지향하지 않고 코이노니아를 또 하나의 초점으로 둔다고 했다. 따라서 가치를 공유하는 동질 집단을 넘어서 다양한 관심사를 아우르면서 하나의 마을을 형성해 가는 것이 마을만들기의 핵심이라고 생각한다. 다만 다양한 관심사를 지닌 주민들이 하나의 마을을 이루며 더불어 살아가는 데에는 '비어 있는 공간' 바퀴축이 비어 두었듯이 허브의 핵심 요소는 비어 있다는 점은 주목할 만하다. 마을을 마을 되게 하는 것은 마을 주민들이 서로서로에게 비어 있는 공간처럼 생각이나 가치의 우선순위가 다른 주민들을 서로서로 용납하고 받아들여 더 큰 공동체를 이루는 것은 마을 형성과 성장을 위해 반드시 필요한 것이라 생각한다.

3) 마을만들기의 한계

마을만들기는 마을의 자족성을 강조하지만 신자유주의 세계화 시대에 전 지구적으로 경제적, 사회적, 문화적 연계가 강화된 세상에서 한계가 있을 수밖에 없다. 전 지구적으로 인류가, 생태계가 서로 의존하는 세계에서 마을의 자족성만을 강조하기는 어렵다. 승자독식의 사회, '헬조선'이라 불리는 전근대적이고 청년들, 여성들, 사회적 약자들에게는 지옥 같은 사회, 사회적 양극화가 도저히 지탱하기 어려운 수준의 사회에서 경제적 자급, 생활정치, 대안교육, 대안문화의 한계가 있다. 한반도는 남북의 분단과 무력 갈등이나 충돌이 상존하는 상황, 미국과 일본을 중심으로 남한을 종속적 위치에 놓는 군사동맹과 중국과 러시아와 북한의 군사적 협력, 그리고 북핵 위협과 사드 배치 결정, 그로 인한 동북아 긴장 등은 지정학적 위기 상황이다. 기후변화와 같은 전 지구적 위기도 있다. 후쿠시마 핵발전소 폭발 참사 시 제일 먼저 자살한 사람은 평생 유기농업을 해오던 농민이었다는 사실은 아이러니가 아닐 수 없다. '한 아이를 키우기 위해 온 마을이 필요하다'는 간디의 말은 '한 마을이 온전히 서기 위해서는 전 지구생명공동체가 필요하다'는 말로 보충되어야 하지 않을까?

III. 마을목회의 사례들

마을목회는 목회자가 교회의 교인들을 돌보는 목회를 넘어서서 교회/기독교 기관과 그리스도인들이 마을의 주민들과 마을 공동체의 회복과 성장을 위해 다양한 모습—마을을 살리는 학교, 마을기업, 마을을 살리는 문화, 생태마을, 마을을 살리는 생활정치 등—으로 돌보고 섬겨 하나님의 나라를 마을에 이루는 하나님의 선교에 동참하는 목회를 가리킨다.

1. 공동체 형태: 마을을 살리는(형성하는) 기독교 공동체

1) 풀무학교와 홍성지역공동체[41]

풀무학교는 1958년 오산학교 출신으로 기독교 이상사회 실현을 꿈꾸던 이찬갑 선생과 감리교의 주옥로 목사가 충남 홍성군 홍동면 팔괘

---

41) 홍순명, "풀무학교와 지역공동체운동," 아시아기독교교회협의회(CCA), 한국기독교생명농업포럼(KCLGAF), 「제1회 아시아기독교생명농업포럼 평가자료집」(도서출판 흙과 생기, 미간행 자료집, 2006), 143-145, "풀무의 혼이 살아 숨쉬는 홍동," 위의 자료집, 146-153, 이번영, "홍성지역 환경농업운동의 발생과 전망", 위의 자료집, 154-169.

리에 '그리스도인, 농촌의 수호자, 세계의 시민 양성'을 목표로, '더불어 사는 평민'을 교훈으로 고등공민학교로 설립했다가 1963년 풀무농업고등기술학교로 개편했다. 1976년 한국 기독교인 30명이 '정농회'를 창설하며 유기농업 실천을 결의한 후 풀무학교는 1977년부터 학교농장에서 유기농업을 실시하며 유기농업 교육을 시작했다. 1990년부터 2002년까지 일본의 '평화와 건강개발위원회'와 교류하여 농민들에게 유기농업 교육을 실시했다. 1994년부터 오리농법을 도입하여 지속적으로 확대해서 실시하고 있다. 1995년부터 도시 소비자들에게 오리 보내주기 운동을 전개하며 가을걷이를 함께 하는 잔치를 통해 환경농업교육을 전개하다가 2000년에는 환경농업교육관을 건립했다. 교육관 옆에는 풍력과 태양력 발전기를 운용하여 간단한 전자기구를 운용할 수 있는 전기를 생산하고 있다. 2001년부터 풀무학교에 2년제 환경농업과 전공과정(대안대학)을 개설했다.

한편 유통은 1980년 창립한 '풀무소비자협동조합'에서 감당했는데 1987년에는 이름을 풀무생활협동조합으로 변경해서 생산자조합으로 바뀌었다. 수도권과의 직거래는 1980년대에 경실련을 통해 시작했다. 풀무소비자협동조합은 1995년부터 「홍동소식」을 발간하다가 군사정권에 의해 1986년 강제로 폐간되었다. 이것이 군 단위 최초 지역신문인 「홍성신문」으로 부활했다. 그밖에 환경방앗간, 농촌생활 박물관, (주)풀무사람들, 풀무 비누공장, 풀무신용협동조합, 홍성 여성농업인센터, 갓골 어린이집, 풀무우유를 운영하고 있다.

풀무학교는 성서, 농업노동, 환경과 생태적 가치를 중시하며 전인교육을 실시하되 공동체 생활을 통해 목표를 이루려는 학교이다. 홍동지역에는 어린이집을 비롯해 초등학교, 중학교, 고등학교, 마을대학인 풀무 환경농업과 전공부가 갖추어져 있다. 이 중 어린이집과 고등학교, 마을대학은 기독교 정신으로 설립되었으며, 공립학교인 초등학교와 중학교도 학교 사이에 생태교육을 통해 협력관계가 이루어지고 있다. 홍순명 선생(전 풀무농업고등기술학교장)은 풀무학교와 지역공동체의 이상과 지향을 다음과 같이 제시했다. 그리스도인으로 양육하기 위해 교육의 목표를 자아실현과 공동체 기여로 설정했다. 온 세상보다 귀한 개인과 삼위일체에 바탕을 둔 차별 없는 공동체 형성이 그 토대가 된다. 자연과 사람과의 바른 관계 회복이 생명과 평화의 내용이다. 창조와 역사의 하나님은 전쟁산업을 평화산업으로 바꾸고, 모든 생명의 친화와 농업노동의 기쁨으로 역사를 주재하신다.

설립자는 한국 역사를 고난의 역사로 보고, 농촌의 짐을 지는 것을 고난의 승화로 보았다. 농촌의 수호자를 양성하기 위해 학교와 지역사회는 협력해야 한다. 이를 위해 초기부터 생활협동조합과 신용조합을 만들었으며, 유기농업을 발전시켰다. 자연과 사람과의 생태공생의 법칙, 사람과 사람 사이의 평화의 법칙을 준수하는 사람이 될 때 세계시민이 양성되며, 이 근저에는 생명과 평화의 하나님이 계시다는 믿음이 있다. 21세기는 다양한 토지 조건과 문화의 다양성을 살려 아시아 민중이 연대해야 세계시민이 된다. 아시아에서 세계시민은 단작, 대규모 농업이 아니라 각 지역 기후에 적합한 가족경영, 친환경, 다품목 소량, 지역공동체 농업으로 국민의 건강과 환경문화를 지키고 살려야 하며, 자립에 힘쓰고, 환경, 경제, 사회가 균형을 이루며, 농민의 국제적 연대를 통해 농업을 통한 생명 평화의 지속가능한 사회와 세계를 건설해야 한다.

2) 들꽃피는 마을(가출 청소년 그룹홈)[42]

가출 청소년들을 위한 대안가정으로 1996년에 3가정이었다가 점차 증가해 현재는 11가정이다. 김현수 목사는 본래 노동목회를 하다가

---

42) 김현수,《똥교회 목사의 들꽃피는 마을이야기》(서울: 청어람미디어, 2004).

1994년 7월 새벽기도회에서 만났던 8명의 가출 청소년으로 인해 자신의 삶과 선교 방향이 노동선교로부터 청소년선교로 바뀌었다. 가출청소년의 세계는 다른 청소년들과도 전혀 다른 세계로 거기에 제대로 들어가지 못하면 청소년 선교를 할 수 없었다. 그래서 김 목사는 이 청소년들을 예수께서 보내신 아이들로 믿고 받아들여 이들과 함께 이룬 대안가정을 처음에는 "예수가정"이라고 불렀다. 청소년 거리의 문화인 절도와 가스, 본드, 약물중독 등으로 많은 어려움을 겪었고, 가족들의 반대나 고통도 큰 어려움이었다. 그러나 대안가정의 동역자들과 지역사회의 이름 없는 다양한 동역자들의 도움으로 이 모든 어려움을 잘 극복했다. 학교마을에 대한 꿈을 접고 건물에 대한 집착을 포기하고 난 후 교사를 중시하는 대안학교를 대안가정과 함께 꾸려 나갔다.

들꽃피는 마을은 어른들이 원하는 나라가 아니라 청소년 '자신들이 원하는 자신의 나라'를 만들어 가려는 비전을 지녔다. 즉 청소년들의 세계로 들어가서 이들이 주인이 되는 세상을 만들고자 했다. 그렇지만 해체 가정을 바로 세우는 사명은 들꽃피는 마을만의 일이 아니라 지역사회와 후원자들의 일이라 여겨 함께 하고 있다. 들꽃피는 마을은 하나님의 말씀 안에서 대안가정과 대안학교를 만들어 청소년 자신의 나라를 이루어가고자 한다. 그동안 상가건물에 거하던 들꽃피는 마을은 2004년 센터를 건축해, 공동체의 본부 역할, 대안가정들을 하나로 묶는 역할, 사회와 연결하는 통로 역할을 담당하게 했다. 교육은 일반학교로 진학하거나 들꽃학교에서 공부할 수 있다. 들꽃학교의 경우 아침 묵상으로 시작해서 프로젝트 수업과 인턴 위주 교과 운영 등 대안학교의 모습을 갖추고 있다.

들꽃피는 마을은 교사가 청소년을 가르칠 뿐 아니라 그들로부터 배우기도 하며, 말이 아니라 삶으로 교육을 하며, 청소년 선교를 넘어서 하나님 나라와 연계되어 이해되어야 하며, 치유공동체, 수다공동체, 기도/영성의 공동체라는 특징을 갖고 있다.

2. 교회 형태: 마을을 살리는 교회

1) 새암교회: 교회와 지역사회[43]

임인수 목사는 신학교 시절에 방문했던 농촌지역을 하나님의 소명으로 받아들여 1979년 충남 아산만에 있는 작은 마을(150호, 600명)에 새암교회를 개척했다. 어린이집을 시작하여 20년 동안 취학하기 이전의 어린이들을 돌보았다. 마을에서 어려움을 안고 살아가는 이혼한 아들을 대신해 손주를 돌보는 노부부, 장애인, 한부모가족, 알코올중독자, 가스 흡입중독 청년과 가족 등, 이들의 착한 이웃이 되고자 했다. 정의를 실현하기 위한 교회신문 제작, 폐수 방류 막기, 채석장의 위험한 작업 막기, 마을 쓰레기 청소, 인권선교, 아산시민운동, 장애인 탁구교실 봉사, 유기농업을 실시했다.

교회가, 목사가 지역사회를 위해 헌신하자 주민들의 교회에 대한 태도에 변화가 일어났다. 새암 어린이집의 아버지들이 여러 가지 쇠붙이들을 가져와 그네, 시소, 미끄럼틀, 작은 구름다리 틀, 철봉대, 앉은 그네, 뺑뺑이 돌리기 등을 제작하여 어린이집 놀이터를 만들어 주었다. 1983년에는 교회 본당을 짓게 되었다. 이전까지는 '집(사택) - 교회'를 지어 교회와 사택을 함께 사용해왔다. 여러 교회와 미국 한인교회들이 건축비를 지원했으나 인건비가 될 정도는 못되었다. 그런데 마을사람들이 교회 건축을 자발적으로 나서서 도왔다. 이들은 기초 작업부터 시작

---

43) 임인수, "농촌에서 살아온 임인수가 남기는 이야기", 총회 농어촌부 농어촌선교연구소, 《생명을 살리는 농어촌선교: 농어촌선교 모범 사례집 제1권》(서울: 총회 농어촌부 농어촌선교연구소, 2003), 249-269.

했으며, 작업 계획을 스스로 만들어 와서 일을 했다. 부녀자들과 노약자들을 제외한 전 마을 사람들의 자원 노력봉사로 임 목사가 감동을 받았다. 교회가, 임 목사가 지역사회와의 벽을 허물고 먼저 다가가 주민들을, 이웃들을 섬기면서 교인들 뿐 아니라, 지역주민들이 변화되어 교회 본당 건축을 자기 집을 짓는 것처럼 힘을 모아 완성시켰다.

2) 장신영농조합: 작은 농촌교회들의 연합[44]

본래 영농조합은 농민이나 농업과 관련된 일을 하는 사람들이 만들 수 있는 법인체이지만, 장신영농조합은 충북 충주지역과 강원도 원주지역의 작은 농촌교회 목회자 8명이 2004년에 모임을 결성했다. 피폐되어 가는 농촌 현실 속에서 농촌교회가, 농민들이, 교인들이, 희망을 잃지 않고 살아가며, 농촌교회 목회자들이 하나님의 소명을 잘 감당하도록 하기 위해 장신영농조합을 조직했다. 활동 내용은 첫째 농촌교회들의 연합 활동(봄 야외예배, 가을 추수감사 한마당잔치 등)이다. 이를 통해 얻은 헌금은 해외 농촌선교, 지역 구제, 국내 농촌선교에 지원되었다. 둘째 목회자가 직접 농사에 참여(4명은 1,000평 이상, 4명은 텃밭농사, 모두 유기농)한다. 농사 작목은 벼농사, 밭농사, 과수농사로 한 농가의 연 수입이 500만 원에서 1000만 원에 불과하지만 농촌 목회자와 농촌교회로서는 요긴하다. 농사는 육체적 노동이며 동시에 영적인 기도이기 때문에 목회자들은 농사를 통해 자신의 영성을 계발하고 자신의 기도를 드리게 된다.

셋째 농촌교회와 도시교회의 상생을 지향한다. 이들은 도시교회를 농촌목회의 파트너로 생각한다. 도시와 농촌교회의 다양한 교류는 농촌

---

44) 손주완, "새로운 패러다임으로서의 농촌선교와 공동체 목회" 강성열 엮음, 《농어촌 선교현장과 생명목회》(서울: 한들출판사, 2008), 132-137.

교회와 교인들의 자존감을 높이며, 서로에게 자긍심을 준다. 대등한 협력자 관계가 형성되어야 시혜 의식이나 우월 의식을 가져서는 안 된다. 넷째 공부와 부부모임, 가족여행 등을 통해 농촌 목회자들과 그 가정을 회복하고 살리는 활동이다. 농촌교회의 희망은 연대와 연합에 있다. 농촌목회는 협력목회이고 팀목회라는 것을 명심해야 한다. 장신영농조합은 조합원 상호 간의 인격적인 성숙, 적극적인 교회와 교인들의 참여, 도시교회의 협력, 경제적 자립의 모색, 조직화와 체계화, 지역사회를 향한 활동 등의 과제를 갖고 있다. 장신영농조합은 작은 농촌교회들이 연합을 통해 농촌교회 목회와 선교의 대안을 제시하고 있다고 본다.

3) 작은교회: 복지/디아코니아를 넘어서 생명농업으로[45]

1983년 대구에서 작은교회를 개척했던 곽은득 목사는 빈민선교와 노동선교에 주력하다가 하나님의 나라는 인간관계의 구조나 사회관계의 구조로 풀 것이 아니라 자연과 농업의 구조로 풀어야 한다는 깨달음을 얻었다. 세상의 황폐는 우리 내면의 황폐와 연결되어 있다. 그래서 환경을 해치는 나쁜 버릇을 고치는 근본적 해결책은 존재의 내면을 성찰하는 것이다. 즉 사회운동이나 사회선교가 사회 모순을 비판하지만 우리 심성은 그 과정에서 오히려 더 황폐해지는 것은 우리 자신을 변화시키지 못하고 남들만을 계몽하려는 건방진 태도가 있기 때문이며, '운동'도 사회구조를 뛰어넘을 뿐 아니라 우리 자신의 마음과 영혼의 풍성함을 나누는 일도 중요한데 간과되었기 때문이다.

성서에서 하나님의 나라는 농업적 세계관을 전제로 하고 있다. 따라서 신학과 운동과 교육은 모두 농업적 세계를 복원하는 일에 복무해

---

45) 곽은득, "복지를 넘어 생명농업으로: 땅살림, 밥상살림", 《생명을 살리는 농어촌선교》, 185-203.

야 한다. 그래서 그는 1990년대 초부터 목회와 선교의 방향을 생명으로 정하고, 농업을 새롭게 보며, 현대문명세계의 한계와 문제점을 극복하는 대안으로 농업을 생각했다. 그러기 위해서 그는 이 두 가지가 바뀌어야 한다고 생각했다. 농사짓는 방식과 삶의 양식이다. 농사짓는 방식은 소규모 다품종 가족농, 유기농, 오리농법 등 전통방식 회복 등이다. 삶의 양식도 자급, 자족, 자립의 생태적 삶의 양식으로 바뀌어져야 한다. 그래서 그는 생산을 위해 귀농, 도·농 직거래(유통), 기독교 대안교육(자연학교)이 필요하다고 보아 이를 실천하기 위해 생명마을 만들기를 시도했다.

작은교회는 경북 군위로 1999년에 이전하여 매곡리 자연학교를 만들어 어린이, 청소년, 청년, 장년들에게 기독교 영성을 바탕으로 생태적 가치관을 교육한다. 주말가족농사교실을 통해서는 생태적 농사짓기, 가족공동체 실현, 대안교육, 기초살림공부를 한다. 푸른강좌, 영성훈련(몸과 신앙 경건 훈련), 강의 등을 통해 생명지향적 세계관과 농업의 중요성을 몸으로, 머리로, 가슴으로 깨닫도록 한다. 자연학교는 생태마을 만들기를 준비하고 있다. 이를 위해 생활문화장터를 여는데 장터에서는 물건만 오가는 것이 아니라 사람과 사람이 만나는 인격적 시장을 만듦으로써 생명의 해방구를 이루려 한다. 이 장터에서는 농산물과 책과 자료, 살림살이들을 나눔으로써 도·농 공동체적 생활양식과 인격, 신앙을 갖추도록 한다. 귀농을 장려함으로써 복지를 넘어 생명농업시대를 열고자 한다. 이를 위해 귀농교육을 실시하고, 귀농상담소를 운영하고 있다.

3. 교회와 공동체 결합형: 소수자들과 함께 마을을 일으키는 교회

1) 백운교회와 한마음 공동체[46]

1984년 전남 장성 백운교회에 부임한 남상도 목사는 농산물에 대한 하나님의 축복기도가 응답되어 풍년이 되었지만 가격 폭락으로 풍년이 저주로 변하는 것을 보고 잘못된 농촌사회 현실을 바로잡는 목회가 필요함을 깨달았다. 목회자 자신의 신학적 변화로 교회는 신자들만의 교회가 아닌 지역사회의 문제를 함께 고민하는 교회로 변하게 되었다. 1980년대에는 농민들과 함께 수세 투쟁, 관 주도의 농지개량조합을 직선제로 바꾸는 등 다양한 정의운동을 펼쳐 지역주민들과 농민들과 함께 정의를 위해 투쟁하는 교회가 되었다. 문화운동으로 교회는 추수감사제를 전 지역농민들이 참여할 수 있는 마을대항 놀이 행사를 포함하는 추수감사제를 정착시켰다. 예배에 전통악기와 민요가락을 도입해 토착화 작업을 했으며, 어린이, 청소년, 장년을 대상으로 전통문화 강습도 열었다. 공부방을 포함하여 지역농민들에게 유기농법을 교육하는 운동도 전개했다. 1988년 교회 건물을 건축할 때에는 종교를 초월하여 전 지역주민들이 건축에 동참하는 놀라운 역사가 일어났다.

1990년대에 들어서면서 농촌 현실을 바라보는 목회자의 시각에 변화가 일어났다. 정의운동이 사회구조를 변화시키는 측면이 있지만, 농약으로 황폐해진 농촌 현실을 바꾸지는 못하는 한계가 있기 때문에 유기농업에 대한 관심을 갖기 시작했다. 그래서 생명운동이 시작되었다. 생명에 대한 존엄성을 전제로 안심할 수 있는 먹거리 생산하기, 환경과

---

46) 남상도, "백운교회와 한마음 공동체를 중심으로"《생명을 살리는 농어촌선교》, 69-93.

괴가 인간의 죽음으로 이어지기 때문에 환경을 지키고 인간을 살리기 위한 생명유기농법 실시하기, 농민의 삶의 질을 높이기 위해 수입농산물과 경쟁에서 이기기 위해 안전성, 품질, 유통의 단순화를 통한 생활보장을 위해 생산 농민, 유통 실무자, 소비자 모두가 하나가 되어 한마음공동체를 1990년에 조직하게 되었다. 이제는 정의운동과 생명운동과 공동체운동을 함께 하는 총체적 삶의 운동으로 나아가고 있다.

2000년에 지역 폐교를 사들여 지역특화사업으로 환경농업교육장을 만들었다. 자연학교를 열어 천연염색, 도예체험, 곤충 전시, 전통 생활용품 문화체험 등을 돕고 있다. 환경농업교육장과 자연학교는 귀농학교, 창업농업후계인 교육, 친환경농업단체교육, 황토 집짓기 학교 등을 열고 있다. 이처럼 백운교회와 한마음공동체는 안전한 먹을거리(식), 천연염색을 활용한 의복문화 개선(의), 향토색 짙은 주거문화(주), 그리고 평생교육의 장으로서 농촌을 녹색관광지역으로, 흙문화를 비롯한 농촌(생명)문화체험관광으로 제시하며 백년 후의 부활 공동체를 꿈꾸며 창조질서를 보전하는 선교공동체이다.

2) 쉴만한물가교회와 작은예수공동체(무의탁 노인생활 신앙공동체)[47]

작은예수공동체는 경증 치매, 중풍, 노환 등의 질병을 앓는 무의탁 노인 생활공동체로 1991년 강원도 원주시 귀래면에 손주완 목사에 의해 설립되었다. 논과 밭 1,285평을 구입해 공동체 식구들과 함께 농사를 짓

---

47) 손주완, "함께 사는 집 '작은예수 공동체'", 《생명을 살리는 농어촌선교: 농어촌선교 모범 사례집 제1권》(서울: 총회 농어촌부 농어촌선교연구소, 2003), 139-147, 손주완, "새로운 패러다임으로서의 농촌선교와 공동체목회", 강성열 엮음, 《농어촌 선교현장과 생명목회》, 137-141.

기 시작했다. 현재는 논 600평과 밭 1,000평에 농사를 짓고 있다. 초기에는 민간시설(조건부신고시설)로 시작했지만 2005년 공동체 건물과 교회를 신축한 후 노인요양시설로서 개인운영 신고시설로 신고하여 5명의 직원과 자원봉사자들이 있다. 손주완 목사는 상지대학교에서 사회복지학 석사학위를 받아 1급 사회복지사 자격을 갖고 있다. 건물은 요양시설 형태로 짓지 않고 전원 속 펜션 주택과 가정집 형태로 건축하여 수용시설 이미지를 탈피해 '집'과 같은 편안함을 주도록 했다.

작은예수공동체는 노인들과 함께 자율적인 신앙생활을 하며 거동이 가능한 노인들과 농사를 지으며, 재활과 의료 프로그램을 운영하고 있다. 공동체의 운영원칙으로는 무의탁 노인을 기준으로 공동체에 받아들이며, 다양한 구성원들(남여, 장애인과 비장애인, 노인과 젊은이)이 서로 협조하고, 식구들 스스로 가능한 역할을 분담하며, 신앙생활은 자율에 맡기지만 예배는 출석하게 한다. 유기농 농장으로 연민(聯民)농장을 운영하는데 농약과 화학비료를 사용하지 않고 친환경적인 방식으로 농사를 짓는데 현재 무농약품질 인증으로 오리쌀, 감자, 고구마, 깨, 콩 등을 생산하며, 된장과 고추장을 만들어 소규모 직거래를 실시하고 있다. 농사 참여자는 운영자 내외, 적극 참여자 2명과 소극적 참여자 2명 등 모두 6명이다. 농장의 목표는 유기농 농산물을 공급하여 이웃의 생명을 살리고, 공동체의 자립에도 기여하려고 한다. 작은예수공동체는 신앙의 터전으로서 쉴만한물가교회와 생명농업의 실천 현장으로서 연민농장과 긴밀하게 연결되어 있다. 손주완 목사는 작은예수공동체의 의의를 작은공동체 지향, 신앙공동체 지향, 생명공동체 지향, 농촌공동체 지향 등으로 제시했다.

3) 한벗교회와 예사랑공동체(실직·노숙인 쉼터)[48]

수원 한벗교회에 정충일 목사가 부임한 것은 1995년이었다. 부임하던 해에 누리사랑방이라는 공부방을 개원했고, 연 1회 경로잔치를 시작했다. 1998년부터는 실직·노숙인 선교와 쉼터를 운영해 왔다. 2000년부터는 탁아소를 시작했다. 한벗교회는 실직·노숙인 선교를 하면서 쉼터에 입소한 실직·노숙인들이 모여 예배를 드리고 있다. 이들을 중심으로 예사랑공동체를 이루어 주 1회 경로당 어르신들에게 점심식사를 대접하고, 수원역 주변에서 노숙한 사람들 30-50명에게 매일 아침식사를 제공하며 상담하고 있다. 자활 의지가 있는 실직·노숙인들은 폐지를 수집하여 자활사업을 하고 있으며, 매주 토요일 성남 푸드뱅크와 연결하여 기초생활보호대상자와 생활이 어려운 이웃에게 사랑의 야채 나눔을 실시하고 있다. 희망의 쉼터는 상근 근무자가 3명이다. 자활 의지를 지닌 실직·노숙인 3명이 희망의 농장에 기거하면서 개 사육을 자활사업으로 하며 공동체 생활을 하고 있다. 실직·노숙인들이 다른 실직·노숙인들과 노인들과 가난한 이웃들과 음식을 나누되 자신들이 모은 폐지나 사육하는 개를 팔아, 그리고 푸드 뱅크의 도움을 받아 시행하고 있다. 그 중심에는 예배가 있고, 일부는 공동체 생활을 하고 있다.

4) 다문화 교회와 국경없는 마을(다문화 공동체)[49]

1994년 안산에 서남노회가 설립한 외국인노동자센터에서 박천응 목사가 이주노동자선교와 목회를 감당해왔다. 그러나 한국사회 문제

---

48) "한벗교회" 강수은·정충일·황홍렬 엮음, 《가난한 자에게 복음을: 일하는 예수회 20주년 기념출간 II》(서울: 일하는 예수회, 2003), 82-87.
49) 박천응, 《이주민 신학과 국경없는 마을 실천》(서울: 국경없는 마을, 2006).

(이주노동자 관련 문제)를 저항과 비판의 차원에서만 해결하기 어렵고, 저항, 비판, 상호협력을 통한 대안 만들기가 필요하며, 대안은 문화를 중시한 공동체가 되어야 한다고 생각해서 1999년에 제기한 것이 국경없는 마을이다. 국경없는 마을은 이주민인 소수자의 보호, 한국주민들인 다수자의 변화, 그리고 한국 주민들과 이주민들이 함께 다문화 공동체 형성을 목표로 하는 대안문화 운동이요, 공동체 운동이다. 국경없는 마을 운동의 전제는 문제를 가진 자가 문제 해결의 주체라는 생각, 문화는 만들어진 것으로 보기에 기존의 차별문화를 생명과 평화가 넘치는 축제의 문화로 대체하려고 함, 그리고 '나' 와 '너' 의 하나됨, 일체의 정신에서 공존과 상생, 나눔이 가능해진다고 보는 것이다. 다문화교회와 안산이주민센터가 자리한 원곡동의 외국인 비중은 1.3%로 전국 평균 0.6%에 비해 두 배 이상 높다. 1997년 말 경제 위기 이후 영세 중소기업에 이주노동자들이 급격히 증가하면서 이러한 인구학적 특징을 갖게 되었다.

사회적 실천운동으로서 국경없는 마을은 국제 이주민을 함께 사는 이웃으로 여기는 의식개혁운동, 지역사회를 기반으로 하는 주민운동, 권력과 돈에 의해 만들어진 차별적 사회구조를 변혁시키려는 사회실천운동이다. 대안운동으로서 국경없는 마을은 다문화공동체를 열어가는 문화운동, 소수자와 다수자에게 열린 참여민주주의 공동체 지향하는 정치운동, 이주노동자들 자신의 국경없는 마을 은행과 이주노동자 창업협동조합 등을 통한 경제운동이다. 국경없는 마을의 형성 내용으로는 주민들의 생활환경과 삶의 문제를 해결하는 삶터 가꾸기, 이웃 관계를 회복하고 의사소통이 이루어지는 공동체 이루기, 공존하는 공동체형 인간 교육하기이다.

이러한 마을 만들기를 위해 국경없는 마을 원곡동추진위원회가 구성되어 있다. 국경없는 마을학교를 통해 마을 만들기의 사례 제시와 강의가 이루어진다. 마을 가상도 만들기를 통해 다문화공동체의 다양한 모습을 드러내며 긍정적 방향으로 만들어 가도록 한다. 원곡동 신문을 통해 국경없는 마을 만들기에 관한 정보를 나누고 있다. 그 밖에 한국 주민들과 이주민들이 함께 청소하기, 다양한 국경없는 마을 축제, 안산 월드컵, 길거리 문화카페, 인권문화교육, 이주노동자와 주민 만남의 밤 등을 실시하고 있다.

4. 비정부기구(NGO) 형태 : 마을의 경제를 살리는 기독교 기관

1) 영등포산업선교회 협동조합[50]

영등포산업선교회(이하 영산)는 1965년 조지송 목사가 소비조합의 중요성을 제기하고 토의한 이래 소비자협동조합에 대한 교육을 1968년에 실시했고, 타이어 공장을 통한 생산자협동조합도 시도했다. 1969년에 50명 회원이 신용협동조합을 설립한 후 1972년 영등포산업개발 신용협동조합으로 우리나라 신용조합 1호로 재무부 인가를 받았다. 그러나 유신시대에 대대적 탄압으로 신용협동조합이 1978년에 해체되고 곧바로 '다람쥐회'로 명칭을 바꿔 협동운동사업(비인가)을 이어갔다. 그렇지만 1980년대는 모든 운동이 노동운동에 초점을 맞춘 시기여서 다람쥐회의 신용협동조합 사업은 명맥만 유지했다. 1987년 전국노동조합협의회가 탄생하면서 영산에 많이 모이던 노동자들이 빠져 나가기 시작하면서 한동안 정체 상태가 이어졌다. 다람쥐회는 1994년 경제공동체 '대안'과 통합한 후 교육프로그램을 강화하면서 자산과 회원의 증가 속도

---

50) 영등포산업선교회 협동사업부, "노동자 경제공동체에서 지역생활공동체로-영등포산업선교회 협동운동 40년의 역사개괄 및 평가", 영등포산업선교회, 「산업선교 10년, 침체기였는가? 지평 확장기였는가? - 지난 10년(1998-2008)의 재평가」(영등포산업선교회 50주년 희년 역사 심포지엄 미간행 자료집, 2008년 5월 22일), 6-20.

가 빨라졌다. 1997년 3월부터 6차례에 걸친 협동학교 교육을 통해 조합원들이 적극적으로 참여하기 시작했다.

협동학교 졸업생들을 중심으로 소모임으로 이어졌는데 영산 소모임으로 '밝은공동체'가 모여 자녀와 함께 주말교육프로그램을 했는데 이것이 교육공동체의 모태가 되었다. 1999년에는 주부협동학교 소모임 주부들이 환경과 먹거리에 대한 교육을 계기로 '서로살림' 생협 준비모임을 만들었다가 2004년 서로살림생활협동조합을 만들었다. 2001년에는 영산회관에서 서울의료생협 발기인 대회를 가졌다. 2002년 대림동에 서울의료생협 한의원을 개원했고, 2003년 우리네의원도 개원했으나 2006년에 의료진 공석으로 폐업했다. 2007년에는 우리네치과를 개설했다.

한편 영산이 운영하는 실직·노숙인 자유이용시설인 햇살보금자리 이용자들이 다람쥐회를 이용하게 한 결과 1년 만에 1억 가까운 돈이 저축되어 고시원 건립사업을 계획하고 있다. 또 남부금속노조와 서울건설일용노조 등 노조단체들과 연대하면서 노조원들이 다람쥐회에 가입해 조합이 활성화되고 있다. 그런데 협동조합이 발전하기 위해서는 조합원의 요구 수렴과 지역적 유대가 중요한데 영산의 협동조합 사업들은 지역적 유대가 적다는 지적을 받아 이것을 어떻게 극복하느냐가 앞으로의 과제이다.[51]

2) 봉천동 나눔의 집 서울관악자활후견기관[52]

봉천동 성공회 나눔의 집은 1991년 송경용 신부가 개원했다. 이후 공부방, 어머니 한글교실, 청소년 쉼터 등 다양한 빈민선교 활동을 펼

---

51) 박상신, "영등포산업선교회 협동사업에 대하여" 위의 자료집, 39-40.
52) 서울관악자활지원센터, 홈페이지(www.iska.or.kr) 참조

치던 중 1996년에 관악자활지원센터의 문을 열었다가 2000년에는 보건복지부에 의해 자활후견기관으로 지정되었다. 1998년에는 위기가족공동체 '살림터'를 개원했고, 2000년에는 청소년 쉼터가 장기보호 가족공동체 '행복한 우리집'으로 개명했다. 2003년 〈함께 사는 세상〉 건물이 완공됨에 따라 '행복한 우리집'과 '살림터'가 〈함께 사는 세상〉에 합류했다.

빈민선교는 주민조직운동을 중심으로 생산공동체운동과 신앙공동체운동을 통합시키려 해왔다. 생산공동체운동으로는 허병섭 목사가 하월곡동에서 건설일용노동자 중심의 일꾼 두레를 운영했고, 상계동 나눔의 집에서 김홍일 신부가 봉제협동생산공동체인 실과 바늘을 운영했으며, 봉천동 나눔의 집에서 송경용 신부가 건설일용노동자들의 건설협동조합인 나래건설을 운영했다. 그러다가 도시빈민선교 활동가들의 경험을 생산적 복지와 결합시켜 제도화시킨 것이 자활지원센터로 보건복지부는 1996년에 서울관악을 포함해 5개를 시범사업기관으로 지정했다가 2000년에 자활후견기관으로 정식지정했다. 현재는 전국적으로 242개의 자활후견기관이 있다.

자활후견기관은 저소득 주민의 자활자립을 위해 설립된 기관으로 생산/협동/나눔의 이념과 정신을 기반으로 인간의 가치를 우선으로 하는 생산적이고 창의적인 사회를 만드는데 기여하는 것을 목적으로 한다. 자립의지를 지닌 빈곤층에게 공동체 창업을 지원하며 안정적 고용이 되도록 돕기 위해 민관협력체제를 갖추고, 급여의 일방적 전달방식을 탈피해 저소득 주민간 유대를 바탕으로 공동체적 사업방식을 모색한다. 현재 진행중인 사업에는 자활공동체 사업으로 (주)나눔공동체 중심으로 도시락, 출장뷔페, 단체급식을 하고, 한국 클리닝은 청소 및 위생관리용역업을 담당하고, 가사도우미 자활공동체가 있다. 자활근로사업으로는 폐 컴퓨터 수거사업을 통해 환경을 보호하고 일자리를 창출하며 사회적 통합에 기여하며, 보·교육지원사업을 통해 보육이나 교육시설에 보조교사로 활동하여 지역복지에 기여하고, 복지간병사업을 통해 무료 간병 서비스를 하며 자격증 취득을 목표로 하고, 장애통합지원사업으로는 장애아동통합교육을 위한 보조원으로 보조교사 취업을 목표로 하며, 재활용매장사업을 통해 환경보호와 일자리 창출과 사회통합에 기여하려 한다.

3) 사회적 기업: 울산동구사회적기업추진위원회[53]

2003년부터 시행해온 취업 취약 계층의 고용을 위한 사회적 일자리 창출 사업은 일회성 생계보조에 그치는 한계가 있다. 지역자활사업의 한계는 자활 성공률이 낮음, 대상이 기초생활 수급자와 차상위층으로 제한되어 경쟁력이 떨어짐, 자활공동체인 경우에도 고용규모가 작아 사업안정성이 적음, 전문적 운영지원 체계가 미흡, 장애인, 노인, 실직여성 등을 위한 체계적인 일자리 창출 프로그램과 영영별 교류와 협의 시스템의 부재 능이다. 이러한 한계를 극복하기 위해 정부는 2007년 7월부터 '사회적 기업육성법'을 시행하고 있다. 사회적 기업은 취업취약 계층의 지속가능한 고용과 지역주민의 삶의 질 관련 사회 서비스 제공을 목표로 한다.

울산동구사회적기업추진위원회는 울산 동구 지역자활센터를 중심으로 희망을 나누는 집(기독교 NGO, 김용식 목사), 울산 동구청, 동구 복지포럼, 울산대 사회과학연구소 등으로 구성된 포럼을 통해 2007년 1년간 18차례의 회의와 3차례의 토론회, 그리고 울산지역 사회적 기업 토론회와 3차의 울산시 동구 사회적 기업 토론회, 두 차례의 주민교육을

---

53) 「울산 동구 사회적 기업포럼 운영 및 대기업 지역사회 공헌형 사회적 기업 모델 연구개발」(2007 지역고용·인적자원개발 시범사업 최종 보고서, 2007년 11월).

거치면서 결성되었다. 울산 동구 지역자활센터는 모범적인 민-관-산 협력활동으로 자활사업 평가 우수기관으로 선정되었다.

위의 추진위원회는 동구 지역자활센터 자활공동체와 자활근로사업단의 현황을 평가하고, 수익성이 높은 사업과 대기업의 참여도를 미리 조사한 결과 청소 및 위생관리 등 건물관리 영역의 사회적 기업을 추진하는 것으로 방향을 설정했다. 그리고 현대중공업의 미온적 태도로 1단계에 지자체 연계형 사회적 기업 추진 후, 2단계에 대기업 지역사회 공헌을 결합시키는 단계별 사회적 기업 창업 전략으로 변경했다. 동 추진위원회가 노동부로부터 사회적 기업으로 인증을 받게 되면 청소 관련 2개의 자활공동체와 시장형 자활근로사업단 2개를 통합하여 사회적 기업으로 전환하며, 사업안정화가 이루어지면 사업 영역을 점차 확대할 예정이다. 2단계에서는 지역 내 장애인, 고령자를 포함한 빈곤근로계층 25명을 추가 고용하여 50명으로 사회적 기업을 운영하려 한다. 이 단계부터는 연계된 지자체와 협력을 바탕으로 대기업 지역사회공헌과 본격적으로 연계시킬 계획이다.

IV. 마을목회의 신학적 근거[54]

1. 성서적 근거

1) 주의 기도와 마을목회

복음을 선포하는 활동과 하나님 나라를 이 땅에 이루려는 활동 사이

---

54) 1장 성서적 근거와 2장 교회의 본질의 일부는 황홍렬, 《한반도에서 평화선교의 길과 신학 - 화해로써의 선교》(서울: 예영 B&P, 2008), 128-132에서 가져온 것임을 밝힌다.

의 대립, 복음주의와 에큐메니칼 운동 간 대립을 극복하는 길을 '주의 기도'에서 찾을 수 있다. 바르트는 주의 기도의 처음 세 기도는 십계명의 앞부분 네 기도와 일치하고, 주의 기도의 뒤의 세 기도는 십계명의 뒷부분 여섯 계명과 일치한다고 했다. 처음 세 기도는 우리를 하나님의 일에, 교회와 세상에 대한 하나님의 통치에 참여하도록 초대하고 있다. 뒤의 세 기도는 모든 짐을 하나님께 맡기라는 명령이다.

루터 '소요리문답'은 이들이 두 구획이 아니라 하나의 구획임을 강조한다. 이들은 함께 연결되어 있고, 우리는 하나의 전체로서 두 가지를 위해 기도한다.[55] 이 둘을 하나의 전체로서 기도를 드리기 위해서는 두 가지 위험을 피해야 한다. 첫째 위험은 종교적 환원주의, 신학주의다. 이것은 "그리스도교 신앙과 교회의 활동을 예배, 경건, 교리 등의 경직된 종교적 영역에 한정시킨다." 그렇지만 참된 기독교는 "정치적 차원을 포함하여 인간의 삶의 모든 국면을 복음화하기로 되어 있다." 둘째 위험은 정치적 환원주의, 세속주의다. 이것은 "그리스도교 신앙과 교회의 타당성을 순전히 정치적인 영역에만 국한시키는 것이다. 이것은 결국 교회의 사명을 '순전히 세상적인 과업의 차원으로 환원시키게 될 것이다."[56] 그러나 예수 그리스도의 비전은 "하늘에 있는 것이나 땅에 있는 것이 다 그리스도 안에서 통일되게 하"(엡 1:10)는 것이다. 예수의 이 비전이 주의 기도에 담겨 있다.

주의 기도의 전반부는 하나님의 이름을 거룩히 여김, 하나님의 나라가 임함, 하나님의 뜻이 땅에서 이루어짐을 다루고, 후반부는 일용할 양식, 용서, 시험 등을 다룬다. 주의 기도의 핵심은 일용할 양식을 나누지

---

55) 칼 바르트 지음, 최영 옮김, 《칼 바르트가 읽은 주의 기도/사도신조》(서울: 다산글방, 2000), 39-43.
56) 레오나르도 보프 저, 이정희 역, 《주의 기도: 총체적 해방의 기도》(서울: 한국신학연구소, 1988), 12-14.

않고 죄에 대해 서로 용서하지 않고는 하나님의 이름을 거룩히 여기는 일, 하나님의 나라가 임하고, 하나님의 뜻이 이 땅에 이뤄지는 일이 결코 일어나지 않는 데 있다. 우리는 하나님 사랑과 이웃 사랑을, 복음전도와 사회봉사를 나누는 데 익숙하지만 주의 기도는 그런 이분법이 하나님 나라에 통하지 않음을 가르친다. 하늘을 향한 기도와 땅을 향한 기도는 하나의 기도이지 두 가지 기도가 아니다. 예수는 이 두 기도를 하나로 통전시켰는데 이것이 주의 기도의 핵심이다.

일용할 양식을 가난한 이웃과 나누는 마을목회는 세상의 탐욕적인 승자 독식의 신자유주의 세계화 경제의 대안으로 만나 경제를, 고아와 과부와 나그네/이주민을 돌보는 희년 경제를 수립하는 것을 지향한다. 특히 기아와 빈곤으로 고통받는 이웃과 일용할 양식을 나누기 위해 그리스도인들과 교회/선교기관은 피조물의 청지기로 선한 경제인의 삶을 가정에서, 마을에서 실천해야 한다. 죄 용서와 빚의 탕감은 밀접한 관련을 지니고 있다. 세상에서는 채권자가 채무자를 노예로 삼거나 죽음으로 몰고 가고, 이로 인해 사회가 해체되어 간다.

이에 반해 주의 기도를 따르는 교회/기관과 그리스도인들은 마을에서 채권자와 채무자 사이에서 화해를 이루는 화해자의 역할을 감당해야 한다. 이러한 화해는 하나님의 정의와 자비를 통해 이루어져야 한다. 먼저 하나님의 사랑을 받은 그리스도인들이 밥을 나눔으로써 끊어진 인류의 연대를 회복하고 화해된 세상이 열리도록 하나님의 나라가 이 땅에 임하도록 노력해야 한다. 2014년 9월 성남시는 사단법인 희망살림과 성남시 종교단체협의회, 기업 등과 함께 '빚탕감 프로젝트'를 시작했다. 주의 기도를 마을에서 실천하는 교회/기관과 그리스도인들이 겪게 되는 고난과 시험을 이겨나가도록 기도를 지속적으로 드려야 하며, 세상 끝까지 존재하는 악한 구조와 진리를 막는 불의한 자들과의 믿음의 선한 싸움에서 좌절하거나 실망하지 않고 끝까지 희망을 갖도록 악에서 구해

달라는 기도를 함께 드려야 한다.

2) 안식일, 안식년, 희년과 마을목회

신자유주의적 세계화로 인해 많은 사람들이 생명을 잃고 질병으로 신음하고 빈부 차이가 확대되어 가정과 사회가 해체되고 있을 때 그리스도인들은 성서의 안식일과 안식년과 희년을 새롭게 읽어야 한다. 안식일, 안식년, 희년은 모두 출애굽 사건에 근거를 두고 있다. 이스라엘 경제는 모두를 위한 풍요로운 살림의 경제를 지향하며, 빈부 차이가 극심한 바로의 경제를 거부한다. 만나 경제는 "많이 거둔 자도 남지 않고 적게 거둔 자도 모자라지 않는 경제"(출 16:18)를 지향한다. 희년 경제는 경제적 격차가 벌어진 사회를 원래 상태로 되돌리는 사회·적경제적 구조조정을 정기적으로 시행하는 경제체제로, 정의가 결여된 종교는 거짓 종교임을 가르쳐 준다. 이스라엘 왕국이 멸망하고 바벨론에 포로로 끌려간 것은 하나님과의 계약에 충실하지 못했기 때문이었다. '오병이어의 기적'은 만나 경제의 실현이요, 주의 기도는 안식일 경제와 희년 영성의 실천을 촉구한다. 사도행전의 성령강림은 개인의 영적 체험이 아니라 희년의 성취요, 하나님의 통치의 체험이다.[57]

안식일은 그리스도인들이 세상 노동으로부터 해방되어 창조주 하나님과 예수 그리스도의 구원사역을 기억하며 하나님을 예배드리는 날이다. 성령 안에서의 참 안식을 누린 그리스도인들은 하나님과 맘몬 사이에서 생명의 하나님을 선택하게 된다(마 6:24). 이처럼 안식일을 통해 창조주 하나님 앞에 선 교회/기관과 그리스도인들은 마을목회를 통해

---

57) Ross Kinsler and Gloria Kinsler, *The Biblical Jubilee and the Struggle for Life: an Invitation to personal, ecclesial, and social transformation* (Maryknoll, New York: Orbis Books, 1999).

안식년과 희년을 마을에 성육신(제도화)시키기 위해 노력해야 한다. 마을경제의 구조적 양극화를 극복하여 평등한 마을 경제구조와 마을의 사회구조를 이루는 것이 마을목회의 중요한 과제다. 비정규직을 줄이고, 생활임금제를 도입하며, 실업자의 취업을 지원하고, 마을의 문화와 상황에 적절한 마을기업들을 일으키는 데 교회와 사회단체들과 지자체가 협력하도록 힘을 모아야 한다.

3) 성만찬과 마을목회

교회와 마을 주민들과의 나눔은 성만찬을 그 모델로 삼아야 한다.[58] 구약성서에서 하늘나라의 잔치로 이해된 공동식사를 통해 체험한 하나님의 현존은 하나님과 이스라엘 사이의 관계를 유지하고, 이스라엘의 사회법 제정에 영향을 주었으며, 사회구조를 변화시키는데 기여했다. 특히 공동식사는 사회적 약자들과 함께 할 때 그 의의가 더욱 두드러진다. 그렇지 않으면 공동식사가 지닌 종말론적인 중요성을 상실하게 된다. 예수의 식탁 역시 음식의 나눔을 통해 새로운 사회질서를 형성하고, 사람들 사이의 화해를 드러내며, 죄인의 회개와 죄인의 용서 등을 하나님 나라의 맥락에서 해석했다. 교회와 마을 주민들 사이의 나눔과 공동식사/밥상공동체는 가난한 자들을 불러 이 식탁에 초대하여 용서와 화해를 통해 새로운 사회관계를 형성하도록 하는 과정이 되어야 한다. 교회와 마을 주민들 사이의 나눔과 공동식사는 새로운 마을(대안사회)을 형성하는 입구가 되어야 한다. 예수 그리스도는 병들고 귀신들린 자들, 세리와 죄인들을 찾아가 그들과 함께 먹고 마셨다. 세리와 죄인의 친구가 되심을 통해 예수는 당시 유대교 지도자들로부터 소외되었고 배척을

---

58) 김동선 지음, 《예수는 생명의 떡이요 밥은 하늘입니다》(서울: 한국장로교출판사, 2003).

받았다. 그는 그들과의 동일시로 인해 힘 있는 사람들로부터 배척을 당하는 연약한 자였지만 하나님에 대한 신뢰를 십자가에서까지 견고히 붙들었다. 교회와 마을 사이의 나눔에 참여하는 그리스도인들은 예수 그리스도처럼 끝까지 참고 저들의 변화와 하나님을 기다리며 신뢰하며 끝까지 헌신해야 한다. 이것은 십자가를 지는 길이요, 일종의 순교다.[59]

예수 그리스도의 살과 피를 나눈 그리스도인들은 마을 주민들, 특히 가난한 이웃들과 공동식사를 통해 식탁 공동체를 형성하고 이를 통해 마을 안에서 용서와 화해의 사건이 일어나고, 마을이 새롭게 형성되도록 노력해야 한다. 부자들이 가난한 자들을 향한 일방적 자선이 아니라 재화의 순환, 나눔으로써 화해가 이뤄지고 상호 풍성해지는 길을 찾도록 교회는 노력해야 한다. 이런 길을 디아코니아와 깔뱅의 경제 이해에서 제시하기로 한다. 물론 이런 길은 쉬운 길이 아니기에 마을과의 성만찬 나눔을 통해 화해를 이루고 마을을 형성하는 데 참여하는 교회/기관과 그리스도인들은 저들의 변화와 하나님께서 하시는 일에 대해 끝까지 신뢰하고 참고 기다리며 십자가를 지는 태도를, 일종의 순교의 자세를 견지해야 한다.

2. 교회의 본질

1) 디아코니아[60]와 마을목회

디아코니아는 주는 자 - 받는 자 도식의 바알 유형의 디아코니아가

---

59) Anthony J. Gittins, *Bread for the Journey: The Mission of the Transformation and the Transformation of Mission* (Maryknoll, New York: Orbis Books, 1993), 63.
60) 황홍렬, "사회복지, 디아코니아/사회봉사와 선교" 한국선교신학회 편, 〈선교신학〉 제5집(2002년), 19-20, 44-51을 참조하시오.

있고, 야웨 유형의 디아코니아가 있다.[61] 나눔에서 받는 자와 주는 자가 고정된 것은 바알 유형의 디아코니아다. 이런 경우 받는 자는 도움을 주는 자에게 감사할 뿐 아니라 무의식적 적대감을 지닌 내적 장애인이 된다. 반면에 주는 자는 타자의 도움을 받지 않고 주기만 하려는 강한 자가 된다. 이는 기독교 활동가들의 직업적 죄다. 왜냐하면 인간에게 죄(결함)는 본질적 규정이다. 그 어떤 인간도 남을 도울 수 없는 사람이 없다. 이것이 공동체의 본질이다. 또 주는 자는 주는 행동을 강조함으로써 행동주의에 빠지게 되며, 이신칭의를 부정하게 된다. "주는 일을 통해 더 많은 것을 받는다는 것을 깨달으면 그것이 나누는 일이다. 주는 것은 물질일 수 있지만 나누는 것은 나 자신이다."[62] 동료 인간 사이의 호혜적 만남의 경험은 치유 사건을 일으킨다.

    디아코니아는 사회 가장자리에 있는 사람을 연대를 통해 중심으로 이끄는 일이며, 상호의존관계를 통해, 사회정의를 이룩하는 것이다. 올바른 디아코니아를 위해서는 도움이 필요한 사람에 대한 책임과 다른 사람의 삶에 대한 존중을 구별하는 지혜가 필요하다. 디아코니아적 사랑이 온정주의로 변질될 위험을 경계해야 한다. 타자가 자신의 책임을 스스로 지려할 때, 두 사람 사이의 관계는 동역자의 관계로 나아가야 한다. 그렇지 않으면 지배의 관계를 위장하는 위험에 빠질 우려가 있다.[63] 그리고 디아코니아는 하나님의 나라를 목표로 한다. 그래서 디아코니아

---

61) Ulrich Bach, "Room for All of Us to be Free" in Edited by Geiko Muller-Fahrenholz, *Partners in Life: The Handicapped and the Church* (Geneva: WCC, 1979), 30-44.
62) 오재식, "절제와 사랑으로 약한 생명을 돌보자"〈기독교사상〉제475호(1998년 7월), 48.
63) J. 몰트만 지음, 정종훈 옮김, 《하나님 나라의 지평 안에 있는 사회선교》(서울: 대한기독교서회, 2000), 76-77. 정종훈 교수는 디아코니아를 사회선교로 번역했는데 이 글에서는 디아코니아로 원 뜻을 살렸다.

는 개인 사이의 관계로 그치지 않고 대안공동체 모델을 형성하게 된다. 그 공동체는 집단적 돌봄과 공동체로의 통합을 지향한다.

마을목회에 참여하는 교회/기관과 그리스도인들은 디아코니아(교회의 사회봉사)가 일방적으로 주는 자와 받는 자가 고정된 틀이 아니라 주는 일을 통해 더 많은 것을 받음을 체험하고 이웃과 대등한 만남과 호혜적 경험을 통해 상호치유가 일어나게 해야 한다. 그리고 교회는 마을의 주변부에 있던 이웃을 연대를 통해 마을의 중심으로 이끌고 이를 통해 상호의존적 관계를 형성하고 사회정의를 실천해야 한다. 이 과정에서 교회/기관과 그리스도인들은 어려운 이웃에 대해 책임지는 사랑과 그의 삶에 대한 존중과를 구별하는 지혜가 필요하다. 즉 이웃이 어려울 때 그리스도인들은 그를 지원할 책임이 있지만 그 이웃이 어느 정도 스스로 설 수 있게 되면 그 때는 더 이상 도움이나 지원을 할 것이 아니라 동역자 관계로 전환할 줄 아는 디아코니아적 지혜가 필요하다. 이를 구별하지 못하면 도움이나 지원의 명분으로 스스로 서려는 이웃의 자립을 막고 자신의 지배를 정당화시키게 된다. 이런 문제가 마을만들기에서 주민이 주제가 되는 데 큰 장애요인이다.

마을의 형성은 교회/기관과 그리스도인들이 어려운 이웃을 지원하고 그들이 스스로 서서 동역자가 되어 함께 마을의 형성을 위해 노력할 때 성취된다. 이것은 하나님의 나라를 목표로 하는 디아코니아가 개인적 관계에 머물지 않고 집단적 돌봄이 있는 대안적 공동체를 지향하기 때문이다. 교회와 그리스도인들이 이러한 디아코니아에 참여할 수 있는 것은 자신을 많은 사람들의 대속물로 내어 주신 예수 그리스도의 디아코니아적 사랑 때문이다(마 20:28).

2) 코이노니아와 마을목회

코이노니아는 공동체, 교제, 나눔, 참여, 연대, 헌금 등 다양한 의미를 갖고 있다. 코이노니아는 성부, 성자, 성령 하나님의 사랑에서 비롯된다. 사랑의 하나님께서 화해하게 하시는 현존이 코이노니아이기 때문에 하나님께서는 교회일치, 인류의 일치, 피조물의 일치를 원하신다. 먼저 교회가 치유되지 않고는 세상에 확신을 갖고 치유를 선포할 수 없으며, 교회가 먼저 인종적, 국가적, 민족적 적대감을 극복하지 않고서는 자유와 화해의 상징이 될 수 없다. 코이노니아는 선물이면서 동시에 소명이다. 코이노니아는 인간이 획득할 수 있는 것이 아니라 은혜 가운데 주어진다. 그러나 이것은 인간이 수동적으로 기다리기만 하면 주어진다는 의미는 아니다. 성령 안에 있는 그리스도인들은 코이노니아를 체험하도록 행동하게 된다. 이런 체험 속에서 하나님은 그리스도인들을 여러 가지 사회적 장벽을 넘어서도록 부르신다.

코이노니아를 체험하는 그리스도인들은 타자를 위협으로 여기지 않고 그들의 다름(신학, 인종, 문화, 언어 등) 속에서 그들을 존중하며 그들의 이야기를 들으며 그들을 이해하도록 격려받는다. 타자를 직면하는 것은 항상 고통스런 과정이며, 도전적이다. 이 때 필요한 자세는 예수께서 자기를 부인하고 자기를 비우신 것(kenosis)이다. 이러한 자기 비움은 우리로 하여금 정체성 상실에 대한 두려움을 일으키며, 우리로 하여금 연약성을 느끼게 한다. 그러나 이런 연약성은 바로 예수의 연약성과 죽음의 사역에 충실함이다. 이를 통해 그리스도인들은 하나님과의 교제, 이웃과의 교제를 이룬다. 이렇게 해서 인간이나 집단 사이의 화해를 이룬다. 그리스도는 화해의 모델이며 수호자이다.[64] 그리스도인들은

---

64) Thomas F. Best & Gunther Gassmann (eds.), *On the way to Filler Koinonia*, (Geneva: WCC Publications, 1994), 226, 232-233.

특히 가난한 자, 소외된 자들의 고난에 동참하며 그들을 편들며 정의와 평화를 세우기 위한 고난을 감수해야 한다.

마을만들기에서 가장 어려운 과제 중 한 가지가 이웃이나 주민으로 불리는 타자(가치관, 세계관, 종교, 계급, 문화, 인종 등)와 어떻게 한 마을을 형성하는가 하는 점이다. 그래서 공동체(마을)의 두 초점은 대안사회, 대안적 가치 뿐 아니라 마을 주민들 사이에 코이노니아(친교, 사귐, 긴밀한 관계)가 있다고 했다. 교회/기관과 그리스도인들은 마을목회에서 마을 주민들의 코이노니아에 기여하기 위해 먼저 교회 안에서 삼위일체 하나님의 사랑의 교제/코이노니아를 맛보아야 한다. 삼위일체 하나님의 사랑의 코이노니아를 맛본 교회, 그리스도인만이 갈등하고 분열된 마을 주민들의 갈등을 해소하고 상처를 치유하여 일치로, 마을공동체의 회복을 향해 기여할 수 있다. 이는 교회가 성령의 은혜와 능력 안에 있을 때 일어나는 하나님 나라 사건이다.

코이노니아는 교회와 그리스도인들에게 주어진 선물이며 또한 선교 과제다. 따라서 마을목회에 참여하는 교회/기관과 그리스도인들은 이웃이나 주민들의 타자성을 존중하고 용납하면서도 다름을 사회적·경제적 차별로 만든 제도, 법, 조례, 관습 등을 고쳐 마을 안에서 화해가 일어나고 평등하고 정의로운 마을이 형성되는 데 기여해야 한다. 그런데 타자와의 만남은 매우 고통스럽고 견디기 어렵다. 이 때 필요한 것이 예수 그리스도처럼 자기를 부인하고 자기를 비워(케노시스) 십자가를 지는 태도라고 했다. 이는 교회/기관과 그리스도인들이 성령에 따르는 삶을 살 때 가능해진다. 이렇게 코이노니아에 참여하는 그리스도인들은 두려움과 연약성을 느끼지만 예수 그리스도도 십자가라는 연약성 외에 다른 방식으로 인류를 구원하지 않으셨다.

마을만들기를 위해 타자를 수용하고 타자들과 더불어 마을에 하나님 나라를 이루기 위해 연약함 속에서 코이노니아에 참여하는 자들은

"그리스도의 남은 고난을 그의 몸된 교회를 위하여 내 육체에 채우"(골 1:24)는 자들이 된다. 이는 성령 안에서 예수 그리스도의 십자가를 통해 하나님과 교제를 이룬 그리스도인들이기에 마을 주민들과의 교제가 가능한 것이다.

3) 선교[65]와 마을목회

선교와 관련하여 가장 널리 알려진 본문은 선교 '대위임령'(마 28: 16-20)이다. 그렇지만 이 본문이 '가라'는 것이 강조되는가 아니면 '제자 삼으라'는 것이 강조되는 가에 따라 두 가지 서로 다른 선교개념이 나온다. 서구의 주요 번역본은 '포류텐테스'(πορευθεντες)를 "Go ye (therefore)!"〈(그러므로) 너희는 가서〉로 번역함으로써 '제자를 삼는 일'보다 '가는 행위'를 더 강조하는 선교이해가 나타났다. "임무가 아닌 장소가 선교사를 가늠하는 기준이 되었다." 그러나 '제자를 삼는 일'을 강조하면 선교는 "사람들이 어디에 있든지 그들을 주님이신 예수께로 인도하는 것을 의미한다."[66] 희랍어 본문에서 '포류텐테스'(πορευθεντες)는 분사이지 명령형 동사가 아니다. 이를 명령형 동사로 번역하는 것은 본문의 의미를 왜곡시킬 위험이 있다. '제자 삼으라'는 것이 명령법 동사이고, 본문에서 가장 강조되고 있다. '대위임령'은 선교의 출발이 아니라 제자의 형성과 관련이 있다.[67]

---

65) 마태복음에 나타난 선교 이해는 황홍렬, "마태복음과 북한선교" 한국기독교통일연구소 편,《성경으로 읽는 북한 선교》(서울: 올리브나무, 2013), 331-364를 참고했음을 밝힌다.
66) 요하네스 니센 지음, 최동규 옮김,《신약성경과 선교: 역사적 · 해석학적 관점들》(서울: 기독교문서선교회, 2005), 34-36.
67) Lucien Legrand, Unity and Plurality: Mission in the Bible (Maryknoll, New York: Orbis Books, 1990), 79.

'대위임령'의 세 가지 용어(제자 삼다, 세례주다, 가르치다)는 마태 선교의 본질을 요약한다. 왜 대위임령에는 '전파하다'(9번 사용)라는 동사나 '천국복음을 전파하다'(4번 사용)라는 단어를 사용하지 않는가? '전파하다'와 '가르치다'를 동의어로 여긴 마가와 달리 마태는 '전파하다'는 외부인에게, '가르치다'는 제자들에게 적용했다. 그런데 '가르치다'는 의미는 비인격적 계명에 순종한다는 것이 아니라 그리스도와의 인격적 관계 속에서 예수를 따르고 하나님의 뜻에 복종하는 구체적 결단을 요구한다. 마태는 복음서 전체를 통해 바른 교리를 재는 척도가 바른 행동임을 강조한다. 예수의 참된 제자들은 열매를 맺도록 도전받는다. 이렇게 열매를 맺는 자들이 의로운 자들이고, 열매를 맺지 못하는 자들이 악을 행하는 자들, 외식하는 자들이다. 그런데 마태가 바른 행동과 열매 맺음을 강조하는 것은 마태 공동체 안의 상반된 집단들, 성령을 강조하는 열광주의자들과 율법을 중시하는 율법주의자들 모두가 행동보다는 말을 선호하는 경향이 있기 때문에 이에 대한 대응으로 제시했다.[68]

'제자삼음'은 마태의 선교이해에서 중심적이다. 제자는 교회론적 개념이다. '세례주고'와 '가르치고'는 '제자 삼으라'는 말에 예속된다. 선교의 목적은 모든 사람을 참된 그리스도인이 되는 그런 수준으로 올려놓는 것이다. 제자들은 하나님의 통치를 기대하는 자들이며, 세상의 소금과 빛인 자들이며, 복 있는 사람들이다. 제자들은 고난과 선교적 권위를 예수와 공유한다. 그러나 제자들이 지닌 부정적 측면도 있다. 믿음이 적고, 두려워하고, 부활한 주님을 경배하는 자들도 있지만 의심하는 자들도 있다. 즉 제자는 완전한 상태에 도달한 자들이 아니라 마지막 순간까지 깨어 있어야 하는 자들이다. 구원받는 자와 잃어버린 자의 분리

---

[68] 데이비드 J. 보쉬, 김병길·장훈태 공역,《변화하고 있는 선교 - 선교신학의 패러다임 변천 -》(서울: 기독교문서선교회, 2000), 115-118.

는 심판 날까지 유보된다. 지속적으로 깨어 있으라는 요청은 자기 만족에 대한 경고와 열정적 선교 사역을 위한 동기부여가 된다. 그러므로 선교는 자신감으로 하는 것이 아니라 위험과 기회가 공존하는 위기의 순간에 우리 자신의 연약함에 대한 인식으로 하는 것이다. 즉 제자들은 경배와 의심, 믿음과 두려움 사이의 변증법적 긴장 속에 서 있다.[69]

선교의 내용은 하나님 나라와 그의 정의이다. 예수 그리스도의 제자는 하나님 나라와 그 의를 구하는 자이다. 여기서 의($\delta\iota\kappa\alpha\iota o\sigma\upsilon\nu\eta$)를 번역하는 데 문제가 있다. 영어는 거의 의(righteousness)로 번역하는데 보쉬는 이를 "정의 - 의"(justice-righteousness)로 번역해야 한다고 했다. '정의 - 의'의 구성적 차원은 하나님이 우리를 의롭다 하시고 우리를 거룩하게 하시는 차원이다. 규범적 차원은 우리가 하나님으로부터 경험한 정의를 다른 사람에게 베풀어야 한다. 하나님의 정의는 그의 백성을 위하는 하나님의 구원활동이다. 이에 반해 인간의 정의는 하나님의 뜻을 행함으로 하나님의 인자하심에 반응하려는 노력이다. '정의 - 의'는 하나님의 뜻을 행하는 것으로 하나님의 선물이지만, 그 다음에는 인간의 의무이다.[70]

마태의 선교이해는 땅 끝까지 '가라'는 것보다는 '제자 삼으라'는 데 초점을 두고, 하나님의 나라와 정의를 구하고 실천하는 제자들의 공동체로서의 교회론에 근거하고 있다. 따라서 세상의 소금과 빛이 되는 교회됨도 선교의 중요한 과제이다. 따라서 마을목회에서도 마을에 '가서' 복음을 전하기에 앞서 먼저 하나님의 나라와 정의를 구하는 제자들을 양육하고, '마을의 소금과 빛'이 되는 교회됨이 중요하다.

호켄다이크에 의하면 선교는 메시야 시대에 가능한 사역으로 선교

---

69) 데이비드 J. 보쉬, 위의 책, 125-130.
70) 데이비드 J. 보쉬, 위의 책, 122-124.

의 주체는 메시야이고, 선교의 목적은 샬롬(평화, 온전함, 공동체, 조화, 정의)을 이루는 것이다. 그는 종말론적 소망 안에서 선교를 이해해야 한다고 보았다. 이런 선교 이해는 두 가지 선교 이해를 배제한다. 첫째 선교는 선전(propaganda, 동어 반복)이 아니다. 복음을 전함은 복음의 씨를 뿌리되 겸손과 희망 가운데 하는 것이다. 겸손이라 함은 뿌려진 씨앗은 죽어야 하기 때문이다. 희망이라 함은 하나님께서 그 씨앗에 생기를 주시고 적절한 몸을 주실 것을 기대하기 때문이다. 그러나 선전은 자기 자신을 강요(동어 반복)하기 때문에 겸손하지 않고, 종말론적 소망도 결여하고 있다.

둘째 선교의 목적은 교회 개척이 아니다. 이러한 선교 이해는 교회로부터 교회로 가는 것이다. 이러한 선교이해의 문제는 선교를 교회의 기능으로 이해하는 점이다. 이와 반대로 호켄다이크는 교회를 이 세상에서 샬롬을, 하나님의 나라를 수립하는 하나님의 도구로 보았다. 바꿔 말하면 교회는 선교의 기능이다. 즉 교회는 샬롬을 선포하고(선교), 샬롬을 살고(코이노니아), 디아코니아를 통해 샬롬을 드러나게 해야 한다.[71]

호켄다이크의 선교이해를 마을목회에 적용해 보자. 교회/기관과 그리스도인들이 마을목회에 참여하려면 선교에 대한 이해가 바뀌어야 한다. 선교는 마을 주민들을 교회에 데려오기 위한 수단이 아니고(선교적 교회론[72]), 교회/복음의 선전도 아니고, 교회개척이나 교회의 확대가 목적이 아니다. 선교는 마을에 복음/하나님 나라의 씨앗을 뿌리되 그 씨앗이 죽고 하나님께서 입혀주신 새 몸으로 자랄 것을 겸손히 소망 중에서

---

[71] J. C. Hoekendijik, "The Call to Evangelism", in the *International Review of Missions*, vol. 39(1950), 167-175.

[72] 선교적 교회론에 대해서는 황홍렬, "선교적 교회론에서 본 한국 민중교회" 한국선교신학회 엮음, 《선교적 교회론과 한국교회》(서울: 대한기독교서회, 2015), 414-449와 이 책에 실린 논문들을 참고하시오.

기도하며 기다리는 것이다. '씨앗이 죽는다' 는 것은 교회/기관과 그리스도인들의 마을을 향한 뜻을 내려놓고, 마을 주민을 교회로 데려오고 싶은 마음을 부인하고 마음을 비우는 일이다.

그렇지만 하나님께서 그 씨앗에 새 몸을 입혀 주실 것을 기대하는 종말론적 소망을 갖고 기도를 하는 것이 선교다. 즉 마을목회는 우리와 생각이나 뜻이 다른 주민/기관들과 함께 마을만들기 활동을 하되 그런 활동 속에서 뿌려진 씨앗에 하나님께서 새 몸을 입혀주실 것을 기대하는 것이다. 그런데 그 새 몸은 우리가 알 수 없는 형태가 될 수 있다. 그렇지만 그런 새 몸은 예수 그리스도의 샬롬과 하나님의 나라가 이 땅에 이뤄지는 데 도움이 될 것을 기대하는 것이다. 마을목회로서의 선교는 영혼구원이나 교회개척이라는 씨앗을 뿌려 그대로 동일한 것을 거두는 것이 아니라 불안하고 두렵고 연약함 속에서, 종말론적 희망 속에서 우리가 마을 주민들과 더불어 뿌린 씨앗을 통해 하나님께서 '새 일' 을 하실 것을 기대하는 것이다.

3. 에큐메니칼 신학

에큐메니칼 운동은 삼위일체 하나님의 사랑의 사귐에 근거하여 교회일치와 연합을 통해 인류의 일치와 구원, 피조물의 일치와 구원을 지향하는 운동이다. 그런데 보니노는 사람이 살고 있는 하나님의 피조물인 세상, 오이쿠메네에서 에큐메니칼 운동과 반에큐메니칼 운동이 벌어지고 있다고 보았다. 그는 우리가 사는 세상인 오이쿠메네의 핵심 문제는 집안의 살림살이(oikonomia, 경제)라고 보았다. 그런데 우리가 사는 세상에서는 권력자들이 세상의 일치를 지향한다면서 자신들의 지배와 민중의 종속을 이루어냈다. 이러한 체계는 죽음의 체계다. 반면에 참 에큐메니칼 운동은 억압받고 고난받는 사람들의 살림살이를 일으키기 위해 그들의 고난에 동참하고 연대하고 상호지원을 통해 참된 오이쿠메네를 만들려 한다. 에큐메니칼 운동은 성령 안에서 우리의 회심과 변형을 통해 가난한 자들을 하나님의 변형의 수행자로, 복음의 담지자로 보고, 그들과 연대하며 생명의 오이쿠메네를 만들기 위해 노력하고 있다.[73] 보니노가 구별한 두 가지 에큐메니칼 운동 중 한국교회는 어떤 에큐메니칼 운동에 참여하고 있는 것일까? 에큐메니칼 운동에 참여하지 않는 교회들은 반에큐메니칼 운동에 참여하는 것은 아닐까? 에큐메니칼 운동에 참여하는 교회들 중에도 반에큐메니칼 운동을 지지하는 교회가 있는 것은 아닐까? 이런 질문은 다음에 나오는 기준을 통해 답을 찾을 수 있을 것이다.

1) 일치와 마을만들기

교회일치는 중요하지만 가난한 자들이 억압을 받아 갈등과 투쟁의 상황에 있을 때 교회일치를, 인류의 일치를 어떻게 추구해야 하는가? 인류는 가인의 후예로 강자는 일치의 이름으로 약자를 착취한다. 한 인종이 다른 인종을, 한 국가가 다른 국가를 억압한다. 교회조차 이러한 억압에 연루되기도 한다. 그런데 예수 그리스도는 십자가와 부활을 통해 이런 죄와 소외와 거짓된 일치를 극복하고 인류의 일치를 향한 새 길을 여셨다. 따라서 갈등과 투쟁의 상황에서 교회일치와 인류의 일치는 긴장 속에 있는 일치일 수밖에 없다. 이러한 긴장은 부활하신 주님의 재림시 해결될 것이다. 그 이전까지 교회는 고난을 통해, 십자가의 징표 아래서 일치를 위해 일하도록 부름을 받았다.[74]

---

73) Jose Miguez Bonino, *Cultures in Dialogue: Documents from a Symposium in Honour of Philip A. Potter* (Geneva: WCC, 1985), 1-5.
74) WCC Commission on Faith and Order, "Towards Unity in Tension" in Gunther

WCC 5차 총회는 에큐메니칼 운동의 협의회적 교제는 교회의 일치를 전제한다고 했다. 그리고 교회일치의 자원은 부활하신 주님을 사도들이 만난 것이고, 오늘날에는 성만찬의 교제 속에서 주님께서 제자들을 만나주신다고 했다. 교회일치가 삼위일체 하나님에 근거하기 때문에 교회 내 다양성을 받아들여야 할 뿐 아니라 적극적으로 바랄 것이다. 예수 그리스도가 모든 이를 위해 죽고 부활하셨고, 교회는 다가오는 인류의 일치의 징표가 되어야 하기 때문에 교회는 남녀 모두에게, 모든 나라에, 모든 문화에, 장애인과 비장애인 모두에게 열려 있어야 한다. 그렇지만 교회는 특정 이슈에 대한 논란 때문에 때로는 거짓 일치를 위해 침묵해야 할 유혹을 받을 때가 있다. 이와 관련하여 WCC가 제시하는 세 가지는 첫째 모든 인간은 죄인이라는 점, 둘째 교회는 죄와 타협할 수 없고 그리스도의 기율 아래 있어야 한다는 점, 셋째 교회는 하나님의 말씀으로 용서받을 수 있는 죄와 하나님의 용서를 거부하는 배교를 식별해야 한다는 점이다.[75]

마을목회에 참여하는 교회/기관들은 마을의 이슈에 따라 참여하는 교회들, 또는 참여하지 않는 교회들과 갈등이나 분열을 경험할 수 있다. 주님의 재림 전까지 교회일치와 인류의 일치는 긴장 속에 있을 것으로 깨닫고, 고난과 십자가 속에서 주님의 도우심을 구하며 교회일치를 추구해야 한다. 마을목회에 참여하는 교회는 교회 내 다양성을 용인하는 것처럼 마을목회를 하면서 다양성을 용납하고 바라도록 해야 한다. 그리고 특히 민감하고 논란의 여지가 큰 이슈들에 대해 침묵하지 말고 참

Gassmann (ed.), *Documentary History of Faith and Order 1968-1993* (Geneva: WCC, 1993), 144-147.

75) David M. Paton, (ed.), *Breaking Barriers, Nairobi 1975: Official Report of the Fifth Assembly of the World Council of Churches* (Geneva: WCC, 1976), 59-64.

여하되 우리 모두가 죄인이라는 자기 성찰 속에서 주님의 기율 아래 용서받을 수 있는 죄와 배교를 식별하도록 노력해야 한다. 마을목회에 참여하는 교회/기관들은 참여하지 않는 교회/기관들과 긴밀한 관계를 가져야 한다. 마을목회에 참여하지 않는 교회들은 마을목회에 참여하는 교회들과의 긴밀한 관계를 형성하는 과정에서 하나님 나라의 '표징공동체'로서의 교회의 모습을 되찾는 것이 필요하다. 교회가 표징공동체 됨을 회복하지 못하면 그 선교는 열매를 맺기 어렵다. 따라서 마을목회에 참여하는 교회/기관들을 참여하지 않는 교회들이 여러 가지 형태로 지원하고 도울 뿐 아니라 그들을 통해서 교회의 교회됨을 회복한다는 차원에서 많은 것을 배우는 교회가 될 때 우리 한국교회의 선교가 새롭게 될 수 있을 것이다.

2) 하나님의 선교와 마을목회[76]

하나님의 선교는 교회와 세상에서 일어나는 성령을 통한 하나님의 구원 활동으로 삼위일체 하나님이 선교의 주체이고, 예수 그리스도의 성육신과 십자가가 선교의 방법이고, 하나님의 나라가 선교의 목적이다.[77]

마을목회의 모델은 삼위일체 하나님의 사귐이다. III에서 제시한 풀무학교 전 교장인 홍순명 선생은 홍성지역공동체가 "삼위일체에 바탕을 둔 차별 없는 공동체"라고 했다. 톨레도 공의회는 삼위일체의 핵심인 페

---

76) 하나님의 선교에 대해서는 황홍렬, "아프간 피납 사태 이후 한국교회의 선교는 달라져야 한다" 한국기독교장로회총회신학연구소, 〈말씀과 교회〉 제45호(2008·1), 78-84를 참조하시오.

77) 김은수, "missio Dei의 기원과 이해에 대한 비판적 고찰", 〈신학사상〉 94호(1996, 가을); 게오르크 휘체돔, 박근원 역, 《하나님의 선교》(서울: 대한기독교서회, 1980)를 참조하시오.

리코레시스(Perichoresis, 상호내주)에 대해서 삼위 하나님이 존재에 있어서, 활동에 있어서 서로 불가분 관계에 있다고 했다. 몰트만은 삼위일체 하나님이 하나님의 주권보다 우선하다면서 하나님의 주권은 밖을 향한 삼위일체 하나님의 활동 뿐 아니라 안을 향한 삼위일체 하나님의 활동을 통해 구현된다고 했다.[78] 밖을 향한 삼위일체 하나님의 활동은 아버지와 아들이 하나인 것처럼 믿는 자들도 하나가 되게 해달라는 예수의 기도(요 17:21). 유대인과 헬라인, 종과 자유인, 남자와 여자로 갈라진 공동체의 분열 극복(갈 3:28), 자기를 내어줌의 경제(행 4:32), 그리고 만유의 주로 만유 안에 계심(고전 15:28)으로 완성되어 간다.[79] 이러한 밖을 향한 삼위일체 하나님의 활동은 안을 향한 삼위일체 하나님의 활동에 의존한다. 바꿔 말하면 내적 삼위일체 하나님은 바깥으로 향해 열려 있어 인간과 피조물을 신적 사귐으로 들어오도록 초대한다. 그러므로 삼위일체 하나님의 사귐은 삼위일체 하나님의 이미지와 형상으로 사회를 개선하고 세우기를 꿈꾸는 사람들에 의해 인간 공동체의 원형이 된다.

따라서 삼위일체 하나님은 정의롭고 평등한 사회조직을 위한 모델이 될 수 있다.[80] 마을목회에 참여하는 교회/기관은 교회/기관 안에서의 사귐 뿐 아니라 마을 주민과 피조물의 사귐도 중시하는데 이러한 사귐은 삼위일체 하나님의 사랑의 사귐에 근거하고 있다. 삼위일체 하나님의 사귐에 근거한 마을의 삶과 활동은 실용적 사고의 일면성을 극복하고, 실천을 행동주의로부터 해방시키며, 지배로 인도하는 거짓 지식을 사귐으로 인도하는 참된 인식으로 대체할 수 있다.[81] 참된 인간공동체와

---

78) 위르겐 몰트만 저, 김균진 역, 《삼위일체와 하나님의 나라》(서울: 대한기독교출판사, 1993), 119.
79) Leonardo Boff, trans. by Paul Burns, *Trinity and Society* (Maryknoll, New York: Orbis Books, 1988), 148.
80) Ibid., 6-7, 11.

마을은 하나님과 화목하고, 피조물과 화목된 공동체일 뿐 아니라 삼위일체 하나님의 사귐을 근거로 하며 거기에 참여하는 공동체이어야 한다. 선교활동은 하나님 나라의 표징공동체라는 존재에 의존하는데 이 존재는 다시 삼위일체 하나님의 사랑의 사귐이라는 모델에 기초한다.

III에서 제시한 마을목회의 목적은 하나님의 나라이다. 마을목회를 하는 교회/기관들은 산업화, 도시화, 신자유주의적 지구자본주의가 초래한 가정을 비롯한 전통적 공동체의 해체와 국가적, 세계적 양극화, 빈곤의 세계화, 여성의 빈곤화, 가난한 자들에 대한 사회적/전 지구적 배제, 생태계의 파괴 등에 대한 구체적인 대안들이다. 마을목회에 참여하는 교회/기관들은 교회와 직접 관련되어 있든, 그렇지 않든, 교회가 대중의 교회가 아니라 하나님 나라의 표징(sign)을 나타내는 공동체이어야 함을 보여준다. 대중의 교회는 대중이 모인다는 조건과 이기주의 때문에 자기를 내어줌이라는 과제가 거부된다. 교회가 인류와 관련해 활동을 하도록 부름 받은 대로 행할 때 교회는 자신에게 속한 사람들의 구원을 도울 수 있다.[82] 바꿔 말하면 교회는 하나님 나라를 미리 맛본 사람들, 표징공동체(세상의 소금, 세상의 빛)여야 하나님의 나라를 전할 수 있다. 예수 그리스도의 존재와 활동이 하나님 나라의 시작인 것처럼 교회의 선교활동은 교회가 하나님 나라의 표징공동체일 때만 가능하다.

3) 정의로운 평화[83]와 마을목회

WCC는 "폭력극복10년 2001-2010: 화해와 평화를 추구하는 교회"

---

81) 몰트만, 위의 책, 21.
82) Juan Luis Segundo, trans. by John Drury, *The Community Called Church* (Maryknoll, New York: Orbis Books, 1973), 77-86.
83) 이 절의 첫 문단은 황홍렬, "WCC의 생명선교와 한국교회의 생명선교 과제" 장로회

활동과정에서 얻은 여러 통찰에 근거해서 2010년 킹스턴에서 "하나님께 영광을, 땅에는 평화를"이라는 주제로 열린 국제에큐메니칼평화대회에서 "정의로운 평화를 향한 에큐메니칼 부르심"이라는 문서를 채택했다.[84] 이 문서는 10차 총회의 평화 관련 핵심 문서였다. 이 문서에 나타난 정의로운 평화는 윤리적 실천에서 근본적 패러다임의 전환을 보여준다. 정의로운 전쟁이나 평화주의의 대안으로서 정의로운 평화가 제시되었다.[85] 정의와 평화는 서로 뗄 수 없는 짝이다. 하나님의 평화 위에 세워진 신앙공동체만이 가정, 교회, 사회에서, 그리고 전 지구적 수준의 정치적, 사회적, 경제적 구조 안에서 화해와 정의로운 평화의 대행자가 될 수 있다. 정의로운 평화를 실천하는 길의 중심에는 비폭력적 저항이 있다. 비폭력 전략은 '시민 불복종'과 '불응의 행위'를 포함할 수 있다. 갈등을 변형시키는 것이 평화 만들기의 핵심이다. 갈등을 변형시키는 과정은 폭력을 폭로하고 감춰진 갈등을 드러내는 데서 시작한다. 갈등의 변형은 적대자에게 갈등하는 이익을 공동의 선으로 방향을 돌리도록 하는 것을 목표로 한다.

 세계화로 인해 전 지구적 폭력과 인권 침해가 난무하는 속에서 평화가 이뤄져야 할 곳은 지역사회, 지구, 시장, 사람들 사이이다. 사회경제적 격차가 한 국가 안에서, 국가들 사이에서 점차 확대되는 것은 시장지향적 경제자유화 정책의 효율성에 대해 심각한 의문을 제기하며 경제성장을 사회의 최우선적 목표로 삼는 것에 도전하게 한다. 인류 역사는 평

  신학대학교 세계선교연구원, 《선교와 신학》 제34집(2014년 가을호), 63-65에서 가져온 글임을 밝힌다. 정의로운 평화의 내용에 대해서는 황홍렬, "한반도에서 남북의 화해와 평화통일을 위한 한국교회의 평화선교 과제", 336-339를 참조하시오.

84) WCC, "An Ecumenical Call to Just Peace" in *WCC, Just Peace Companion: Guide our feet into the way of peace* (Luke 1:79) (Geneva: WCC Publications, 2011), 1-13.

85) 위의 책, 84-95.

화 추구와 갈등의 전환, 법치 등 도덕적 가치를 추구한 것도 보여주지만 그 정반대의 가치인 외국인 혐오, 공동체 내 폭력, 증오범죄, 전쟁 범죄, 노예제, 인종학살 등으로 오염된 것도 보여준다.[86]

정의로운 평화는 마을목회를 위해 불의한 정치권력이나 기업 등의 행태에 대해 시민불복종이나 불응의 행위를 통해 비폭력적으로 저항하는 길을 제시한다. 또 중요한 것은 마을 안에서 이익을 놓고 갈등하는 집단이 있을 때 이를 공동의 선으로 변형시키는 것이 평화만들기의 핵심이고, 마을에서 교회가 화해자의 역할을 하는 길임을 제시한다. 그리고 이주민, 새터민, 장애인 등에 대한 마을 주민들의 차별을 극복하고 차이를 용납하되 차이를 차별로 제도화되지 않도록 교회는 노력해야 한다.

4) 생명선교와 마을목회

생명선교는 경제정의[87]와 기후정의[88]와 살림의 문화[89]를 통해 생명의 풍성함을 이 땅에 이루는 것이다. 마을목회에 참여하는 교회/기관들은 마을목회의 지향이 정의운동으로부터 생명선교로 전환된 것을 보여

---

86) 정의로운 평화의 내용에 대해서는 황홍렬, "한반도에서 남북의 화해와 평화통일을 위한 한국교회의 평화선교 과제", 336-39를 참조하시오.
87) 경제정의에 대해서는 황홍렬, WCC의 생명선교와 한국교회의 생명선교 과제" 장로회신학대학교 세계선교연구원, 〈선교와 신학〉 제34집(2014년 가을호), 62-63을 참조하시오.
88) 기후정의에 대해서는 황홍렬, "WCC의 생명선교와 한국교회의 생명선교 과제" 장로회신학대학교 세계선교연구원, 〈선교와 신학〉 제34집(2014년 가을호), 60-62을 참조하시오. WCC 10차 총회 이전의 기후변화에 대한 논의는 황홍렬, "WCC의 생명선교와 한국교회의 생명선교 과제," 50-60을 참조하시오.
89) 살림의 문화에 대해서는 황홍렬, "신자유주의적 지구화 시대의 생명선교", 참된 평화를 만드는사람들 편저,《신자유주의 시대, 평화와 생명선교》(서울: 동연, 2009), 111-114을 참조하시오.

준다.[90] 기존의 정의운동으로서의 사회선교는 예언자적 역할을 하면서 민주주의와 선교 프로그램들의 제도화 등 여러 가지 면에서 기여했다. 그렇지만 기존의 사회선교는 획일성 또는 경직성, 자기정체성의 부족, 목회자 중심적, 남성 중심적, 장년 중심적 운동이라는 한계와 행동주의 등의 문제를 안고 있다. 특히 산업선교를 하면서 산업사회의 전제인 자연자원의 무한성과 미래적 진보의 무한성(무한성장)을 비판하지 않았다. 이 무제한 성장 모델 안에 악마가 있어 노동자를 착취하고, 주변부 종속국가들의 저발전과 자연파괴를 하고 있다.[91] 이처럼 기독교사회운동이 정의운동으로부터 생명운동으로, 생명농업으로, 생명선교로 전환한 데에는 산업사회와 경제에 대한 비판으로부터 비롯되었다.

그러나 보다 근본적인 것은 세계관의 변화이다. 서구의 기계적 세계관으로부터 아프리카의 생명 중심적 세계관으로, 서구의 시간중심적 세계관으로부터 아메리카 인디언들의 공간 중심적 세계관으로, 서구의 발전 패러다임으로부터 여성생태학적 관점으로의 전환이다.[92] 위의 대안적 공동체들은 처음부터 공동체를 지향한 경우(풀무학교와 홍성지역공동체)도 있고, 공동체와 연계된 교회(쉴만한물가교회와 작은예수공

---

90) 황홍렬, "기독교사회운동의 패러다임 전환: 정의운동으로부터 생명선교로", 〈농촌과 목회〉 제33호(2007년 봄호), 51-62.
91) 레오나르도 보프 저, 김항섭 옮김, 《생태신학》(서울: 가톨릭출판사, 1996), 28.
92) Harvey Sindima, "Community of Life: Ecological Theology in African Perspective" in Charles Birch, William Eakin, Jay B. McDaniel (eds.), *Liberating Life: Contemporary Approaches to Ecological Theology* (Maryknoll, New York: Orbis Books, 1991), 142-46. George Tinker, "The Full Circle of Liberation: An American Indian Theology of Place" in David G. Hallman (ed.), *Ecotheology: Voices from South and North* (Geneva, Maryknoll, New York: WCC Publications, Orbis Books, 1995), 218-24. Stan McKay, "An Aboriginal Perspective on the Integrity of Creation" in D. G. Hallman (ed.), *Ecotheology: Voices from South and North*, 214-217.

동체)로 출발한 경우도 있지만 비정부기구 형태를 제외하면 처음에는 노동선교나 빈민선교나 농민선교로부터 출발하면서 정의운동, 사회선교를 펼치다가 생명선교로, 생명농업으로 전환했다. 선교 현장에서 타자(선교 대상)와의 만남을 통해 타자들이 선교 동역자로 바뀌고 나중에는 선교사/목회자 자신의 선교에 대한 이해를 바꾸면서 생명선교로 전환하고 교회 형태로부터 공동체 형태나 공동체와 병행하는 교회로 전환했다.[93] 예장 총회는 산업선교 50주년을 맞아 앞으로의 방향을 생명선교를 향한 농어촌선교(Urban Rural Mission)로 하기로 결정했다.[94] 마을목회가 지향하는 생명선교는 신자유주의적 지구자본주의라는 죽임의 경제와 산업사회와 자본주의 사회, 그리고 정보사회에 내재한 죽임의 문화들을 식별하며, 세계교회협의회가 제시한 아가페 문서[95]들을 비롯한 대안적 경제(지역공동체의 경제, 협동조합, 지역화폐, 프라우트 Progressive Utilization Theory)[96]를 제시하는 살림의 경제와 시장과 권력으로부터 배제된 자들의 정체성을 세우고 대안적 공동체를 세우는 살림의 문화를 제시하는 선교를 가리킨다.[97]

그런데 마을목회가 지향하는 생명선교의 핵심은 경제이다. 오늘날 경제가 중요시 되는 이유는 지구 전체에 미치는 사건들 중에서 가장 결

---

93) 황홍렬, "타자와의 만남의 선교론" 황홍렬 지음, 《한반도에서 평화선교의 길과 신학 - 화해로써의 선교》(서울: 예영 B&P, 2008), 19-34.
94) 황홍렬, "21세기 총회 산업선교의 나아갈 길" 예장총회 국내선교부, 「총회 도시산업선교 50주년기념 심포지엄」(예장총회 국내 선교부 미간행 자료집, 2008년 5월 16일), 119-120.
95) 세계교회협의회 지음, 김승환 옮김, 《경제 세계화와 아가페(AGAPE)운동》(원주: 도서출판 흙과 생기, 2007)
96) 이가옥·고철기 지음, 《공동체경제를 위하여》(대구: 녹색평론사, 2002), 제2부를 참조하시오.
97) 황홍렬, "생명살리기운동과 생명선교" 부산장신대학교, 〈부산장신논총〉 제7집 (2007년), 219-254.

정적 요인이 경제이기 때문이다.[98] 아리스토텔레스에 의하면 경제는 획득의 기술로서 집안 살림(가정관리)의 경제와 돈벌이로서의 경제로 양분된다. "가정은 인간들 간의 관계이므로 가정경제의 모든 물질적 측면에 앞서서 성원들 간의 윤리적 관계를 고려해야 하는" 반면에 돈벌이로서의 경제(kapelike, 영리적 상업)는 "교묘하게 사람을 속여서 이윤을 남기는 영리적 상업이라는 뜻을 함축하고" 있어 아리스토텔레스는 "(이러한) 모든 종류의 이윤을 상대방에 대한 도둑질이라고" 비난했다.[99]

그런데 현대 자본주의에서는 이러한 경제에 대한 평가에 역전이 일어났다. 돈벌이로서의 경제가 중심이 될 뿐 아니라 칼 폴라니가 지적한 것처럼 현대 자본주의 사회에서 "경제가 사회관계들 속에 들어가 있는 대신에 사회관계들이 경제제도 안에 들어가 있다"[100]는 것이다. 이에 대해 경제학자 허먼 데일리와 신학자 존 캅은 개인의 사적 이익을 추구하는 경제적 인간(Homo economicus) 대신에 공동체 안에 사는 인간(person-in-community)을 대안으로 제시했다. 그러면서 이러한 경제적 인간은 경제학이 학문적 분야로부터 공동체를 섬기는 사상으로, 돈벌이 경제로부터 가정경제로, 개인주의로부터 공동체 안에 사는 인간으로, 세계주의(cosmopolitanism)로부터 공동체들로 구성된 공동체(지방적, 국가적, 대륙적, 지구적 공동체)로, 물질을 경제의 수단으로만 보는 관점으로부터 인간의 삶에 소중한 생태계로 보는 관점으로의 전환을 요청한다.[101]

---

98) John B. Cobb, Jr. *Sustaining the Common Good: A Christian Perspective on the Global Economy* (Ohio: The Pilgrim Press, 1994), Preface, viii.
99) 홍기빈 지음, 《아리스토텔레스, 경제를 말하다》(서울: 책세상, 2005), 92, 105-106.
100) Karl Polanyi, *The Great Transformation* (Boston: Beacon, [1944] 1957), 57, Herman E. Daly & John B. Cobb Jr., *For the Common Good: Redirecting the Economy toward Community, the Environment, and a Sustainable Future* (Boston: Beacon Press, 1994), Introduction, 8에서 거듭 인용.

성서에서 경제(economy)는 그리스어 오이코노미아(oikonomia)에서 왔는데 이는 집(oikos)과 법(nomos)의 합성어다. 오이코노미아는 '집의 법 또는 관리', 또는 인간의 살림살이, 피조물의 살림살이다. 하나님의 경제는 피조세계의 생명을 위한 하나님의 생명과 일 그리고 고난이다. 올바른 경제의 기준은 피조물 공동체의 생명과 미래를 위해 섬기느냐 하는 것이다. 그런데 시장에 의해 지배관계가 제거된다는 자유주의자들의 주장은 오히려 시장을 통해 지배 관계를 만들고 무산자를 사회적으로 종속시킴으로써 거짓으로 드러난다. 또 경제학의 주요 근거인 희소성은 자원의 희소성이 아니라 자원에 대한 접근 수단의 부족에 기인한다. 문제는 희소성이 아니라 하나님의 의의 실현 여부다. 하나님의 의가 생명의 원천이기 때문이다. 하나님은 연약한 식구의 생명을 돌보는 경제인, 집안의 가장이요, 머슴이다. 하나님의 경제는 하나님의 의를 펼치는 것으로 무의 권능인 죽음과 투쟁을 벌이는 생명의 경제다. 하나님의 경제는 사회의 찌꺼기 같은 자들을 하나님의 가족 되게 함으로써 하나님의 나라를 이룬다.[102]

마을목회는 생명선교를 통해 죽임의 경제와 싸움을 통해 하나님의 의를 펼침으로써 인간을 살리고 피조물을 살리는 대안적 경제를 실천하려 한다. 유기농업과 전통농법을 통해 안전한 먹거리와 생태계를 지탱하게 하는 농법을 개발하며, 가난한 자들의 자활공동체를 이루려 하며, 생산과 유통과 교육을 통해, 대안적 에너지 사용을 통해 대안적 경제공동체를 이루고자 한다.

---

101) Herman E,. Daly & John B. Cobb Jr., Ibid., 6장-10장을 참조하시오.
102) M. Dougls Meeks, *God the Economist: The Doctrine of God and Political Economy,* 홍근수, 이승무 옮김, 《하느님의 경제학: 신론과 정치경제학》(서울: 한울, 1998).

5) 에큐메니칼 영성과 마을목회

영성은 "복음에 순종하며 살려는 노력, 제자도"[103]로 이해하기보다는 좀 더 넓은 의미로 이해하려 한다. 영성은 인간의 관계 형성 능력으로 우선 초월자의 관계 형성이 있고, 다음으로 그로 인해 인간이나 피조물과의 관계로 의식이 확장되되, 영성이 관계 형성인만큼 그 장소가 역사, 특정한 시공간인 점을 부각시키고, 마지막으로 그런 고양된 인식이 그런 시공간을 통해 행동으로 구체화되는 것을 가리킨다.[104] 생명선교를 펼치기 위해서 마을목회에 참여하는 그리스도인들, 교회/기관에 필요한 것은 안과 밖을 향한 영성이며, 디아코니아적 존재됨이다. 본회퍼는 영성훈련의 목표를 내면적 집중에만 둔 수도원에 반하여 "밖을 향한 봉사를 위한 내면적 집중"에 두었다. 기도와 명상을 통해 물질적 유혹과 정치적 이념적 이데올로기 앞에서 굴하지 않도록 영적 훈련을 시켜 온전한 제자직을 실천하되 이러한 제자직은 교회공동체와 연결되어 있어야 한다고 했다.[105] 예수는 하나님과 맘몬을 동시에 섬길 수 없다(마 6:24)고 했는데 오늘 기독교인들은 이 둘을 동시에 섬기려는데 문제가 있기 때문에 이러한 영성훈련이 중요하다. 그리고 디아코니아에서는 행함이 중요한 것이 아니라 먼저 디아코니아를 행하는 사람, 존재가 문제된다는 것을 언급했다.

그러면 이러한 디아코니아적 존재는 어떻게 어디서 만들어지는가?

---

103) Gwen Cashmore & Joan Puls, "Spirituality in the Ecumenical Movement" in Nicholas Lossky, et als.(eds.), *Dictionary of the Ecumenical Movement* (Geneva, Grand Rapids: WCC Publications), 949.
104) U. T. 홈즈 지음, 김외식 옮김, 《목회와 영성》(서울: 대한기독교서회, 1990), 29-38.
105) 손규태, "제자의 길, 교회공동체의 길 - 본회퍼에 있어서 영성의 문제-" 〈기독교사상〉 제574호(2006년 10월), 64-66.

말씀과 기도, 예배와 성만찬, 그리고 코이노니아 신앙 공동체 속에서 디아코니아적 존재가 만들어진다. 말씀과 예전, 코이노니아 공동체 속에서 형성된 디아코니아적 존재는 한편으로는 하나님의 은혜와 사랑 속에서 자신의 모든 허물과 좌절과 실패와 상처를 용납하는 자기사랑으로 나아가며, 다른 한편으로는 타자의 고난을 자기 것으로 받아들이며 디아코니아에 따라오는 여러 유혹과 어려움을 십자가를 통해 극복하는 자기부정으로 나아간다. 타자에게 이웃이 된다는 것은 무슨 뜻인가? 그것은 타자의 이야기를 들음으로써 하나님의 말씀을 들을 수 있게 된다는 것이다.[106] 타자의 고난과 좌절, 아픔과 고통의 이야기 뿐 아니라 그가 자신을 인간으로, 나아가서 하나님의 자녀로 받아들이는 이야기를 통해 우리는 서로 다름에도 불구하고 함께 더불어 사는 이웃이 되고 나아가서 하나님의 말씀에 대해 새롭게 들을 수 있는 기회를 얻게 된다.

4. 종교개혁 신학: 깔뱅의 경제 이해(재화, 노동, 임금)[107]와 마을목회

1) 인간과 사회 이해[108]

그의 인간과 사회에 대한 이해의 특징은 타락한 피조물의 구원은 인간의 구원에 국한되지 않고 사회의 회복, 우주의 회복을 포함한다. 즉 인간이 하나님과 화해가 이뤄지면 이웃과 피조물과의 화해로 나아가야

---

106) 김홍일, "나눔의 집에서 바라보는 한국교회의 봉사" 〈기독교사상〉 제489호(1999년 9월), 54.
107) 이 부분은 황홍렬, "비정규직 이해와 한국교회의 비정규직 선교의 과제" 한국선교신학회 편, 〈선교신학〉 제40집(2015년), 427-430에서 가져온 것임을 밝힌다.
108) Andre Bieler, L'humanisme social de Calvin, 박성원 옮김, 《칼빈의 사회적 휴머니즘》(서울: 대한기독교서회, 2007), 1장.

한다.[109] 깔뱅의 경제, 사회, 정치, 윤리에 대한 교훈을 바르게 이해하려면 인간 본성의 애매성을 염두에 두는 것이 중요하다. 왜냐하면 인간은 영적 윤리(교회)와 법의 윤리(국가)라는 두 영역에서 살기 때문이다.[110] 그리고 사회적 조화와 일치는 죄에 의해 손상되었지만 완전히 파괴되지는 않았다. 사회에서 새로운 질서가 성취되지 않는 이유는 교인들의 수가 소수라는 점도 있지만, 사회의 부패가 교회 안에도 만연해 있기 때문이다.[111] 그런데 교회가 작은 세상인 마을의 문제에 관심이 없다는 것은 하나님과의 화해가 제대로 이뤄진 것인지를 질문하게 한다. 그리고 그는 물질적 삶과 영적 삶이 긴밀하게 연결되었다는 것이 성서의 가르침임을 깨우쳐줬다. 물질은 하나님의 은혜의 징표요, 하나님의 통치를 미리 보여주는 징표다. 기독교인의 영적 삶은 그의 물질에 대한 태도를 통해 판단된다. 개혁신학은 부를 도덕적 문제가 아니라 종교의 문제로 이해한다.[112] 한국교회가 이분법적 신앙을 지녔다는 지적은 그런 교회들은 이미 맘몬 우상숭배를 하고 있다는 깔뱅의 비판을 심각하게 받아들이도록 한다. 따라서 마을목회는 하나님과 화해를 이룬 그리스도인들이 이웃의 회복, 마을의 회복을 위해 영적 삶과 물질적 삶의 개선을 위해 노력해야 한다.

2) 재화의 교류[113]

재화나 돈은 하나님의 섭리의 도구로 부자로부터 가난한 자에게로

---

109) Andre Bieler, La pensee economique et social de Calvin trans. by James Greig, *Calvin's Economic and Social Thought* (Geneva: WARC, WCC Publications, 2005), 217.
110) 위의 책, 180-181.
111) 위의 책, 240, 242.
112) 위의 책, 270-271, 278.

순환함으로써 어느 정도 소유의 균형을 이루고 불평등을 해소함으로써 하나님의 경제질서를 수립하고 부자와 가난한 자 사이의 사회적 상호의존 관계를 통해 인류를 하나되게 하는 영적 연대를 이루어야 한다. 이러한 순환을 방해하는 것이 죄, 이기심, 게으름, 탐욕이다.[114] 부자로부터 가난한 자에게로 돈이 흘러가게 하여 불평등을 해소하도록 하는 것이 마을목회의 주요 과제이다. 동시에 양자 사이에 상호의존 관계를, 영적 연대를 회복하는 것과 이러한 순환과 관계의 회복을 방해하는 탐욕과 이기심을 극복하게 하는 것도 마을목회의 주요 과제이다.

3) 노동과 임금

인간의 본질은 노동이 아니라 안식이다. 노동으로부터의 해방된 안식이 하나님의 형상을 회복하게 하고 예수 그리스도를 통해 창조적, 해방적 노동을 가능하게 한다. 주일을 거룩하게 지내지 않는 것이 노동의 타락의 시작이고 억압적인 노동이 된다.[115] 교회는 기독교인들에게 영적 교제의 표현인 물질의 순환을 회복시킨다. 물질적 나눔의 행동이 결여된 기독교 영성은 잘못된 것이다. 집사는 영적 교제의 표현인 물질, 재화(헌금)의 순환, 나눔을 위한 직분이다.[116] 당시 제네바는 엄청난 수의 프로테스탄트 난민 때문에 실업문제가 심각했다. 깔뱅은 난민들이 새로운 일자리에 적응하도록 직업교육에 관심을 기울였고, 일자리를 찾지 못하는 사람들에게는 유급 임시직을 부여했다. 그런데도 일자리를 찾지 못하는 사람들을 위해 시의회에 직조산업을 개발할 것을 제안했다. 병

---

113) 《칼빈의 사회적 휴머니즘》, 2장.
114) *Calvin's Economic and Social Thought*, 287, 292-293, 295.
115) 위의 책, 348-350.
116) 위의 책, 304-305, 322.

원은 환자 이외에도 생계가 막연한 가난한 사람들을 수용하도록 했다.[117] 노동자들의 노동이 해방적이고 창조적이 되도록 하는 것과 영적 교제로서 재화가 부자로부터 가난한 자에게로 순환하게 하고, 실업자들이 취업하도록 지원하는 것이 마을목회의 중요한 과제다.

임금은 노동자와 기업가 모두 하나님으로부터 사랑으로 선물로 받는다. 임금의 결정권은 인간과 기업가에게 속한 것이 아니라 하나님께 속한다. 따라서 임금을 부자가 선택의 여지가 없는 가난한 노동자에게 일방적으로 절반만 주려는 것은 착취이자, 신성모독이다. 임금의 기준은 하나님 앞에서 공평하고 정의로워야 한다. 노동은 상품이 아니다.[118] 부자들은 종종 가난한 자들의 임금을 절반으로 깎으려고 호시탐탐 노린다. 가난한 노동자는 대안이 없기 때문에 빵 한 조각만 줘도 고용할 수 있다고 부자는 생각한다. 이는 가난한 사람을 착취하는 것이다. 깔뱅은 노동자들과 고용주들과 정부사이의 논쟁에 개입하여 삼자가 평등한 권리를 갖는 상공조직을 제안하여 삼자에 의해 수용되고 원활한 활동을 통해 파업을 피하여 사회평화가 경제회복과 번영으로 꽃피우게 하는데 기여했다.[119] 마을목회는 마을에서 노동자들(이주노동자 포함)의 임금이 체불되지 않도록 하고, 비정규직 노동자의 임금이 정규직 노동자의 절반에 불과하고, 여성 비정규직의 임금이 남성 비정규직의 임금보다 적은 것을 시정하기 위해 노력해야 한다.

---

117) 《칼빈의 사회적 휴머니즘》, 71-76.
118) *Calvin's Economic and Social Thought*, 366-371.
119) 《칼빈의 사회적 휴머니즘》, 77-82.

V. 나가는 말

이상에서 논의된 것들의 주요 결론을 정리하면 다음과 같다. 마을은 입시 지옥과 학교 붕괴에 대한 대안교육, 상호 호혜, 재분배와 교환 사이에 조화를 이루는 대안경제, 문화를 통해 정체성을 강화하고 공동체를 형성하는 대안문화, 자신과 공동체를 생태적으로 보고 재구성하는 생태마을, 인간의 행복을 지향하는 생활정치를 지향하며 생활의 필요를 해결하는 과정에서 형성된 이웃들의 관계망이다. 마을만들기의 배경은 도시화로 인한 문제들, 지방자치 시대의 도래, 도시정책 패러다임의 전환, 후기근대로의 패러다임 전환 등으로 돌봄과 배려와 배움의 공동체인 마을이 필요하기 때문이다. 마을만들기를 접근 방식에 따라 분류하면 아이와 학교를 살리는 마을, 마을을 살리는 경제(마을회사), 마을을 살리는 문화, 생태마을로의 전환, 마을을 살리는 생활정치, 그리고 통합형이 있다.

마을만들기의 특징은 자발성, 다양성, 개방성, 자족성, 교육의 중요성, 창의성 등이 있다. 마을만들기의 의의는 다양한 사회적, 시대적 문제들에 대한 주민들의 아래로부터의 대응, 대아사회와 대안적 가치를 추구함, 그런 가치 실현을 위해 다양한 방법을 사용, 마을의 형성과 유지는 마을 주민들 사이의 친밀한 관계, 아래로부터의 자급과 자립을 통한 자기 완결적 마을구조 형성, 마을만들기의 주체가 마을의 '보통' 사람들임, 마을만들기는 민과 관의 협치, 가버넌스에 의한 것이다. 마을만들기의 과제로는 관 주도를 극복하여 주민이 주체가 되는 것, 경제적 자립 달성, 인간 본성에 대한 낙관주의 이해 극복하기, 대안적 가치 중심의 동질집단을 넘어서기 등이다.

마을목회는 목회자가 교회의 교인들을 돌보는 목회를 넘어서서 교회/기독교 기관과 그리스도인들이 마을의 주민들과 마을 공동체의 회복과 성장을 위해 다양한 모습 -마을을 살리는 학교, 마을기업, 마을을 살리는 문화, 생태마을, 마을을 살리는 생활정치 등- 으로 돌보고 섬겨 하나님의 나라를 마을에 이루는 하나님의 선교에 동참하는 목회를 가리킨다. 마을목회의 사례는 형태에 따라 마을을 살리는 공동체 형태, 마을을 살리는 교회, 소수자들과 함께 마을을 일으키는 교회, 마을의 경제를 살리는 기독교 기관 등이 있다.

  마을목회의 성서적 근거는 주의 기도, 안식일, 안식년, 희년과 성만찬이다. 마을목회의 신학적 근거는 교회의 본질로서 디아코니아, 코이노니아, 선교가 있고, 에큐메니칼 신학으로 일치, 하나님의 선교, 정의로운 평화, 생명선교, 에큐메니칼 영성 등이 있고, 종교개혁신학으로 깔뱅의 경제 이해(재화, 노동, 임금)가 있다. 여기서 주의 기도와 선교에 대한 새로운 이해는 교회가 마을목회에 참여하는 장애물인 이분법과 교회중심의 선교 이해를 극복하는 것을 돕는다. 다른 신학은 마을만들기를 하는 데 교회가 기여할 수 있는 신학적 자원을 제공한다.

· 참고문헌

강성열 엮음. 《농어촌 선교현장과 생명목회》. 서울: 한들출판사, 2008.
고창권 지음. 《반송 사람들: 대도시에서 지역공동체를 가꾸는 사람들 이야기》. 부산: 산지니, 2005/2006.
김동선 지음. 《예수는 생명의 떡이요 밥은 하늘입니다》. 서울: 한국장로교출판사, 2003.
김영배 지음. 《작은 민주주의 사람의 마을: 동네 안에 국가 있다, 그 두 번째 이야기》. 서울: 너울북, 2014.
김현수. 《똥교회목사의 들꽃피는 마을이야기》. 서울: 청어람미디어, 2004.
문재현·신동명·김수동 지음. 《아이들을 살리는 동네: 참여·소통·보살핌의 공동체》. 서울: 살림터, 2013.
몰트만, J. 지음. 정종훈 옮김. 《하나님나라의 지평 안에 있는 사회선교》. 서울: 대한기독교서회, 2000.
_____. 김균진 역. 《삼위일체와 하나님의 나라》. 서울: 대한기독교출판사, 1993.
믹스, 더그라스 지음. 홍근수, 이승무 옮김. 《하느님의 경제학: 신론과 정치경제학》. 서울: 한울, 1998.
박원순. 《마을이 학교다: 함께 돌보고 배우는 교육공동체》. 서울: 검둥소, 2010/2011.
_____. 《마을회사: 공동체를 살리는 대안 경제》. 서울: 검둥소, 2011.
_____. 《마을, 생태가 답이다: 환경을 생각하는 생활문화 공동체》. 서울: 검둥소, 2011.
박천응. 《이주민 신학과 국경없는 마을실천》. 서울: 국경없는 마을, 2006.
앙드레 비엘레 지음, 박성원 옮김. 《칼빈의 사회적 휴머니즘》. 서울: 대한기독교서회, 2007.
세계교회협의회 지음. 김승환 옮김. 《경제 세계화와 아가페(AGAPE)운동》. 원

주: 도서출판 흙과 생기, 2007.

오마이뉴스 특별취재팀.《마을의 귀환: 대안적 삶을 꿈꾸는 도시공동체 현장에 가다》. 서울: 오마이북, 2013/2014.

유창복 지음.《우린 마을에서 논다》. 서울: 또하나의 문화, 2010.

이동수 편.《행복과 21세기 공동체: 글로벌 대안공동체 현장을 가다》. 서울: 아카넷, 2013.

조한혜정.《다시, 마을이다: 위험사회에서 살아남기》. 서울: 또 하나의 문화, 2007/2012.

홍기빈 지음.《아리스토텔레스, 경제를 말하다》. 서울: 책세상, 2005.

황홍렬. "사회복지, 디아코니아/사회봉사와 선교" 한국선교신학회 편,《선교신학》. 제5집(2002년), 11-62.

_____ . "생명살리기운동과 생명선교" 부산장신대학교,《부산장신논총》. 제7집(2007년), 219-254.

_____ .《한반도에서 평화선교의 길과 신학 - 화해로써의 선교》. 서울: 예영 B&P, 2008.

_____ . "한국 기독교의 디아코니아의 사례와 선교신학적 의의: 대안적 공동체를 중심으로" 한국선교신학회 편,《선교신학》. 제19집(2008년 11월), 11-40.

_____ . "WCC의 생명선교와 한국교회의 생명선교 과제" 장로회신학대학교 세계선교연구원,《선교와 신학》. 제 34집(2014년 가을호), 45-82.

_____ . "선교적 교회론에서 본 한국 민중교회", 한국선교신학회 엮음,《선교적 교회론과 한국교회》. 서울: 대한기독교서회, 2015, 414-449.

Bach, Ulrich. "Room for All of Us to be Free" in Edited by Geiko Muller-Fahrenholz, *Partners in Life: The Handicapped and the Church*, Geneva: WCC, 1979.

Best, Thomas F. & Gunther Gassmann(eds.), *On the Way to Fuller Koinonia*, Geneva: WCC Publications, 1994.

Bieler, Andre. *La pensee economique et social de Calvin.* trans. by James Greig, Calvin's Economic and Social Thought, Geneva: WARC, WCC Publications, 2005.

Birch, Charles. William Eakin, Jay B. McDaniel (eds.), *Liberating Life: Contemporary Approaches to Ecological Theology.* Maryknoll, New York: Orbis Books, 1991.

Boff, Leonardo. trans. by Paul Burns, *Trinity and Society.* Maryknoll, New York: Orbis Books, 1988.

Cobb, John B. Jr. *Sustaining the Common Good: A Christian Perspective on the Global Economy.* Ohio: The Pilgrim Press, 1994.

Gittins, Anthony J. *Bread for the Journey: The Mission of the Transformation and the Transformation of Mission.* Maryknoll, New York: Orbis Books, 1993.

Hallman, David G.(ed.), *Ecotheology: Voices from South and North* Geneva, Maryknoll, New York: WCC Publications, Orbis Books, 1995.

Hoekendijik, J. C. "The Call to Evangelism", in the *International Review of Missions.* vol. 39 (1950), 167-175.

Kinsler, Ross and Gloria Kinsler. *The Biblical Jubilee and the Struggle for Life: an Invitation to personal, ecclesial, and social transformation.* Maryknoll, New York: Orbis Books, 1999.

Legrand, Lucien. *Unity and Plurality: Mission in the Bible.* Maryknoll, New York: Orbis Books, 1990)

Segundo, Juan Luis. trans. by John Drury, *The Community Called Church.* Maryknoll, New York: Orbis Books, 1973.

부 록

목회자 세미나 제1회에서 제18회까지의 발제 논문 목록

· 제1회 "신학해석학" (1997년 5월 2~3일)
  목창균(서울신대), 슐라이어마허의 해석학
  김재진(계명대), 칼 바르트의 기독론적 - 전이의 해석학
  신국원(총신대), 데이빗 트레이시의 해석학적 신학: 비판적 소묘
  심광섭(감신대), 게르하르트 에벨링의 해석학적 신학
  최태연(숭실대), 뽈 리쾨르의 신학적 해석학
  정용섭(현풍제일교회), 판넨베르크의 보편사적 해석학
  정기철(호신대), 융겔에게서 신학적 해석학
  윤철호(장신대), 불트만의 성서해석학

· 제2회 "성서해석학" (1997년 10월 10~11일)
  강성열(호신대), 구약성서와 고대 근동 종교에 나타나는 죽음-부활의 주제
  박종수(강남대), 이집트 설화와 히브리 설화에 나타난 변신 유형 연구
  서인석(대구 효성가톨릭대), 담론의 기호학적 분석과 성서연구
  강남순(감신대), 여성신학적 해석학
  오덕호(호신대), 누가복음 14:1- 24의 문학 · 역사비평적 연구
  최갑종(천안대), 새로운 문학적 해석: 갈라디아서에 대한 수사학 및 서신적 분석의 실례
  윤철원(서울신대), 이야기 비평을 통한 바울 재판의 조명
  김득중(감신대), 편집비평적 해석학

· 제3회 "해석학과 윤리" (1999년 4월 1~2일)
  Christofer Frey(보쿰대), 해석학과 윤리
  유석성(서울신대), 본회퍼의 평화 윤리
  양명수(이화여대), 해석학과 윤리
  노영상(호신대), 기독교 사회윤리 방법론에 대한 해석학적 접근

박충구(감신대), 한국 기독교의 윤리 성향에 대한 비판적 고찰
　정기철(호신대), 해석학적 윤리
- 제4회 "역사와 해석학" (2000년 11월 30일)
　김균진(연세대), 기독교의 종말론적 역사 이해
　박순영(연세대), 서양 역사철학의 발상과 구속의 역사: 칼 뢰비트를 중심으로
　정중호(계명대), 소리와 구약해석: 청중중심비평을 중심으로
　김형동(부산신대), 성서비평의 어제와 오늘
　방성규(한영신대), 초대교회 역사 연구의 한 시도: 성인전과 영성
- 제5회 "생명과학과 인류의 미래" (2001년 11월 29일)
　오덕호(호신대), 생명복제에 대한 성서적 고찰
　강성열(호신대), 구약성서와 생명공학: 다시 읽는 창조 이야기
　황우석(서울대), 생명복제 기술의 현황과 전망
　이상돈(경희대), 생명공학과 법: 민주적 법치국가에서 생명공학법의 미래
　진교훈(서울대), 생명과학에 대한 윤리학적 성찰
- 제6회 "종교 갈등 시대의 삶과 해석학" (2002년 10월 9일)
　Christofer Frey(보쿰대), 기독교 신앙과 정치적 상황의 해석학
　임태수(호서대), 이슬람과 기독교의 갈등의 역사와 화해·평화의 길
　윤철원(서울신대), 사도행전의 반셈족주의와 반유대교 문제
　양권석(성공회대), 경전 간 해석학
　이상훈(정문연), 종교 다원성과 그 해석: 역사신학적 조망으로서
- 제7회 "통일신학과 해석학" (2003년 11월 27일)
　임성빈(장신대), 통합적 통일을 위한 통일신학의 정립과 실천의 과제
　허문영(통일원), 한반도 평화를 위한 기독인의 과제와 역할
　홍근수(전 향린교회), 통일·평화 신학과 해석학
　박순경(전 이화여대), 통일신학의 회고와 전망
　이삼열(숭실대), 한국 기독교의 평화 통일운동

- 제8회 "시간과 해석학" (2005년 11월 17일)

    Christian Link(보쿰대), 피조물로서 자연에 대한 지각

    박호용(전 대전신대), 요한복음서의 구조와 시간의 문제

    김성원(이화여대), 현대과학에서의 시간

    곽신환(숭실대), 《周易》의 '時' : 항구적 변화의 현재성

    이양수(한양대 강사), 역사적 시간과 내러티브

- 제9회 "해석학과 과거사 청산" (2006년 11월 30일)

    차종순(호신대), 한국교회와 역사 청산에 관한 교회사적 소고

    정기철(호신대), 과거사 청산과 해석학적 철학

    한동구(평택대), 과거사 청산의 (구약)성서적 이해

    안병직(서울대), 역사・기억・정의: 과거청산의 제문제

    박정선(연세대), 한국기독교 친일청산의 역사적 의미

- 제10회 "죽음의 사회적 폭력성과 해석학" (2007년 11월 22일)

    최정기(전남대), 국가폭력과 죽음의 사회학적 의미

    김재현(호신대 연구교수), 지배 이데올로기에 맞서 양심을 깨우쳐준 주변 인들의 폭력적 죽음에 관한 연구

    김이곤(한신대 명예교수), "죽음"과 "죽임"에 대한 한 신학적 성찰

    박재현(경희대), 인체표본 전시회와 시신 활용의 윤리

    이남인(서울대), 상호주관성과 죽음의 현상학

- 제11회 "인권의 이념과 해석학" (2008년 11월 20일)

    김형민(호신대), 신학적 인권논증의 가능성과 한계

    차정식(한일장신대), 신약성서와 인권의 태반 또는 그 후광

    연규홍(한신대), 인권운동과 신앙고백

    정태욱(인하대), 인권의 역사적 기원과 우리 시대의 과제

    김형식(한반도국제대학원대학교), 사회복지와 인권

- 제12회 "한국사회와 교회의 미래, 그리고 칼빈" (2009년 11월 26일)

    최영관(전남대 명예교수), 한국사회와 기독교, 그리고 칼빈

    박준근(전남대), Calvin의 경제윤리와 사회적 후생극대화 문제

이은우(장신대 초빙교수), 깔뱅의 성경 해석: 십계명 이해를 중심으로
손봉호(고신대 석좌교수), 칼빈주의와 한국 장로교회
안명준(평택대), 칼빈의 성경 해석 원리와 해석자를 위한 제언

- 제13회 "한국교회의 올바른 영성 확립과 해석학" (2010년 11월 11일)
  김경재(한신대 명예교수), 한국교회의 올바른 영성 확립과 해석학
  정중호(계명대), 구약의 영성: 하나님의 공동체의 행복
  소기천(장신대), 성서가 말하는 성령사역과 그 비전
  이강학(장신대 강사), 기독교 영성 이해: 정의, 해석, 경험 그리고 훈련
  소기범(뉴욕장신대), 고백록 제10권에 나타난 영성생활의 특징

- 제14회 "다문화사회와 해석학" (2011년 11월 24일)
  송오식(전남대), 다문화사회에 대한 규범적 접근
  이형하(광주여대), 농촌지역 결혼이주여성의 '지역사회 참여' 과정과 유형에 관한 연구
  박흥순(호신대), 이주여성의 현존과 대안적 성서해석
  오현선(호신대), 다문화사회와 개신교의 종교교육
  오경석(한양대), 한국의 '다문화' 담론과 실천, 몇 가지 쟁점들

- 제15회 "창조 세계의 보전과 핵 없는 세상" (2012년 11월 22일)
  김용복(아시아태평양생명학연구원), 신앙고백과 핵 문제
  장윤재(이화여대), '핵 없는 세상을 위한 신학'을 위하여
  박진희(동국대), 독일의 탈핵은 어떻게 가능했는가
  김익중(동국대), 탈핵은 해야 하며, 가능하다
  유미호(한국교회환경연구소), 핵 너머 생명세상을 향한 녹색교회 실천

- 제16회 "마을 만들기와 생명선교" (2013년 5월 22일)
  김영진(보령 시온교회 목사), 마을을 두드리다
  이원돈(부천 새롬교회 목사), 한국교회 생태계에서 생명마을 만들기와 생명망 목회
  정재영(실천신학대학원 종교사회학 교수), 생명공동체를 추구하는 마을 만들기

한국일(장로회신학대학교 선교학 교수), 마을 만들기를 위한 지역교회의 역할

박봉희(한국의료생협연합회 부설 교육연구센터 소장), 건강마을-의료복지 사회적 협동조합

· 제17회 "협동조합과 지역 공동체 운동" (2014년 5월 29일)

조성돈(실천신대 교수), 협동조합을 통한 생명공동체 세우기

한경호(횡성 영락교회 목사), 교회와 협동조합운동

최민경(경기지역 협동조합협의회 운영위원장), 협동사회경제로 성남지역을 경작하다

정시몬(거룩한빛광성교회 목사), 함께 세워내는 장터사회적 협동조합

조용희(전주근로자선교상담소장), 이주여성 자활사업(사회적 협동조합)을 통한 지역공동체 활성화

· 제18회 "마을 만들기와 생명선교" (2016년 11월 24일)

정경옥(화순 신실한교회 목사), 마을목회와 힐링알토스협동조합

김인선(담양 개동교회 목사),)마을이 살아야 교회가 삽니다

오창우(한남제일교회 목사), 동네목사 이야기

이기성(진주 초원교회 목사), 초원교회 이야기

황홍렬(부산장신 교수), 마을만들기, 마을목회와 마을목회의 신학적 근거